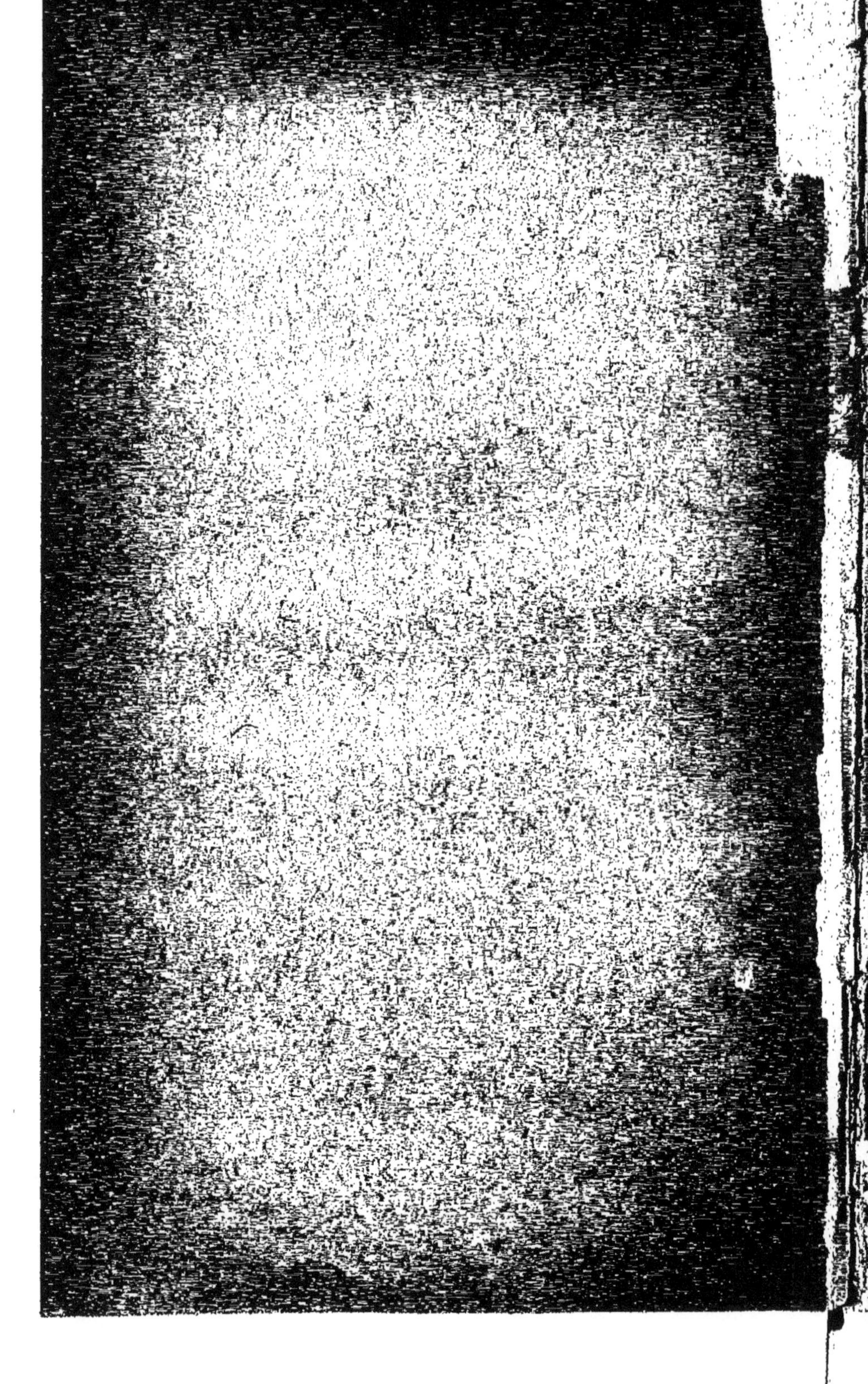

LE POLYCORDE

ou

MÉTHODE THÉORIQUE ET PRATIQUE

DE MUSIQUE VOCALE

ET

DE MUSIQUE INSTRUMENTALE

LE POLYCORDE

ou

NOUVELLE MÉTHODE THÉORIQUE ET PRATIQUE

DE

MUSIQUE VOCALE

ET DE

MUSIQUE INSTRUMENTALE

CONTENANT :

1° L'EXPOSÉ MÉTHODIQUE DE LA THÉORIE MUSICALE ; DE GRANDS DÉ-VELOPPEMENTS SUR LA TONALITÉ ET LA TRANSPOSITION ; UN ABRÉGÉ DES PRINCIPES DU CHANT GRÉGORIEN OU PLAIN-CHANT ;

2° 230 EXERCICES TRÈS-VARIÉS DE SOLFÉGE, DE MORCEAUX AVEC PAROLES, A UNE, DEUX, TROIS ET QUATRE PARTIES ; LES SONNE-RIES MILITAIRES D'ORDONNANCE POUR L'INFANTERIE ;

3° L'EXPOSÉ DE LA NOTATION MUSICALE EN CHIFFRES ;

4° UNE MÉTHODE ÉLÉMENTAIRE D'HARMONIE ;

5° L'ACOUSTIQUE MUSICALE APPLIQUÉE ;

6° LA DESCRIPTION, LE DESSIN ET LA TABLATURE OU LE DOIGTÉ DE TOUS LES INSTRUMENTS EN USAGE DANS NOS MUSIQUES MILITAI-RES, FANFARES ET ORCHESTRES MODERNES ;

7° NOTICE SUR QUELQUES ORGUES MONUMENTALES DE NOTRE ÉPOQUE.

PARTIE VOCALE. — Prix net : 3 fr.

Partie instrumentale. — Prix net : 3 fr.

L'ouvrage complet. — Prix : 5 fr.

PAR

J. FRÉDÉRIC GIRAUD

AUTEUR DE PLUSIEURS OUVRAGES DE MUSIQUE.

PARIS

LIBRAIRIE ADRIEN LE CLERE, RUE CASSETTE, 29.

PRÈS DE SAINT-SULPICE.

1868

1869

TABLE DES MATIÈRES

RENFERMÉES DANS LA LYRE PAROISSIALE.

1. *Adeste*, chant de Noël, solo et chœur, à . . . 3 parties
2. *Tantum ergo* . . . . . . 3 —
3. *Stabat Mater* . . . . . . 3 —
3 *bis*. Le même, en plainchant . . . . 3 —
4. *Vexilla regis* . . . . . . 3 —
5. *Laudate Dominum*, faux-bourdon, 5 en C. 4 —
6. *O salutaris*, de Duguet, arrangé à . . . . 3 —
7. *Domine, salvum* . . . . 3 —
8. *Domine, salvum* . . . . 4 —
9. *Salve, Regina* . . . . . 3 —
10. *Benedicam Dominum*, avec orgue.
11. *Cor Jesu sacratissimum* 4 —
12. *Veni Creator* . . . . . . 3 —
13. *Veni Creator*, orgue.
14. *Pange lingua* . . . . . . 3 —
15. *Ave, maris stella* . . . 3 —
16. *Ecce panis Angelorum* (Sacchini) . . . . 3 —
17. *Cantique* pour un saint patron, solo et chœur à 3 —
18. *O salutaris* ordinaire, avec orgue.
19. *Adoro te supplex* . . . 3 —
20. *Panis Angelicus* . . . . 3 —
21. *Laudate Dominum*, 1 en J, à . . . . 4 parties
22. *Hymne de l'Avent*, org.
23. *Prose* en l'honneur de la très-sainte Vierge. 3 —
24. *O salutaris*, de Gluck. 3 —
25. *Messe de Dumont*, accomp. d'orgue . . . .
26. *Hymne de Noël*, accomp. d'orgue . . . .
27. *Cantique* au T. S. Cœur de Jésus, solo, duo et chœur, à . . . . 3 —
28. *Faux-bourdons*, 3e ton en E, à . . . . 3 —
29. *Faux-bourdons*, 6e ton en C, à . . . . 3 —
30. *Hymne du Carême*, accomp. d'orgue. . .
31. *Cantique à S. Joseph*, solo et chœur, à . . . 3 —
32. *O Filii et Filiæ*, accomp. d'orgue. . . . .
33. *Adoremus in æternum*, à 3 —
id.   id.   4 —
34. *O salutaris*, solo, duo, et chœur, à . . . . . . 3 —
35. *Chant à Marie* . . . . . 3 —

TABLATURES

RENFERMÉES DANS LA PARTIE INSTRUMENTALE DU POLYCORDE.

Flageolet, divers systèmes.
Flûte.   id.
Clarinette.   id.
Hautbois.
Saxophone.
Sarrurophone.
Cornet à pistons.
Bugle-Horn ou tromp. à clefs.
Cor d'harmonie avec et sans pistons.
Sax-horn, divers systèmes.
Trombone à coulisse et avec pistons.

Ophicléide.
Basson.
Tous les accessoires de batterie.
Violon.
Alto.
Violoncelle.
Contrebasse.
Piano.
Harmonium.
Harmoniflûte.
Orgue.

LE POLYCORDE

OU

NOUVELLE MÉTHODE THÉORIQUE ET PRATIQUE

DE

MUSIQUE VOCALE

ET DE

MUSIQUE INSTRUMENTALE

PRÉLIMINAIRES.

1. La Musique est l'art qui a pour but de nous émouvoir en flattant notre oreille par d'heureuses et agréables combinaisons de sons.

2. Des combinaisons successives des sons naît la mélodie;

Des combinaisons simultanées, l'harmonie;

Des combinaisons de durées, le rhythme;

Et des combinaisons d'intensité, l'expression.

3. On a ainsi défini la musique : *Une suite de sons qui s'appellent.* L'illustre Choron (1) ne pouvait se lasser d'admirer cette définition, qu'il attribuait à S. Jean Damascène, mort dans le VIIIe siècle.

4. La voix et les instruments sont les organes producteurs des sons. De là, la musique vocale et la musique instrumentale.

---

(1) Choron, né à Caen le 21 octobre 1771, mort à Paris le 24 juin 1834, a été un des premiers sujets de l'École polytechnique, suppléant de Monge à l'École normale, professeur d'hébreu au Collège de France, directeur de l'Opéra et fondateur de l'École royale de musique religieuse et classique.

1

PROPRIÉTÉS DES SONS MUSICAUX.

5. Les sons musicaux ont quatre propriétés caracté-
ristiques qui les distinguent du bruit proprement dit. Ce
sont :

1° Le degré d'acuité ou de gravité, c'est-à-dire la place
que le son occupe dans l'échelle musicale : c'est l'intonation ;

2° La durée, ou le temps pendant lequel il se fait
entendre ;

3° Le degré d'intensité ou de force ;

4° Le timbre, qui est aux sons ce que la couleur est
aux objets. C'est par les nuances du timbre que nous
reconnaissons une personne en l'entendant parler ou
chanter ; que nous distinguons le son d'un violon de
celui d'une flûte, etc. : c'est la couleur des sons, ou bien
encore leur constitution matérielle, indépendamment de
toutes leurs autres propriétés.

6. La modification incessante de ces quatre propriétés
par la voix et par les instruments, au gré intelligent de
l'oreille, ce juge unique, constant et souverain des sons,
constitue l'élément matériel de toute mélodie. Toutefois,
le timbre en général est fixe, et ne se modifie guère que
par le changement de la voix ou de l'instrument qui lui
donne naissance.

2.

PORTÉE MUSICALE, SIGNES DE DURÉE, NOTES, SILENCES, CLEFS.

7. Le degré d'acuité ou de gravité des sons s'exprime au moyen de cinq lignes horizontales et parallèles, dont l'ensemble se nomme *portée*. Ces lignes se comptent de bas en haut.

Portée musicale.

5ᵉ ligne.		4ᵉ interligne.
4ᵉ		3ᵉ
3ᵉ		2ᵉ
2ᵉ		1ᵉʳ
1ʳᵉ		

8. C'est sur les lignes et entre les lignes de la portée que l'on place les notes ou signes représentatifs des sons. Ainsi, un son est d'autant plus grave ou plus aigu que son signe représentatif sera lui-même placé plus bas ou plus haut sur l'échelle de la portée.

9. En musique, le mot *grave* signifie bas, et le mot *aigu*, haut. C'est dans ce sens que l'on dit : *La voix d'un enfant est plus aiguë que celle d'un homme, et celle-ci plus grave que celle d'un enfant.*

10. Les cinq lignes de la portée ne suffisent pas toujours pour contenir le diapason d'un morceau, c'est-à-dire depuis sa note la plus grave jusqu'à la plus aiguë; mais on ajoute alors en dessous de la portée pour les notes graves et en dessus pour les notes aiguës des lignes additionnelles ou complémentaires, mais qui n'ont

plus alors que la longueur nécessaire pour contenir les notes que l'on veut y placer.

11. Les lignes additionnelles donnent ainsi le moyen d'écrire des morceaux d'un diapason (1) très-étendu avec une portée de cinq lignes seulement.

Signes de durées. — Notes.

(Inventés par le chanoine Jean de Muris, au XIVe siècle.)

12. On représente les sons et on indique leur durée par des signes que l'on appelle *notes*. On désigne aussi de ce nom les sons eux-mêmes.

13. Il y a sept figures de notes, qui sont :

La ronde. . . . . . . o

La blanche. . . . . . .

La noire. . . . . . .

La croche. . . . . . .

La double-croche. . . . .

La triple-croche. . . . .

La quadruple-croche. . . .

14. La ronde étant prise pour unité, la valeur de la

---

(1) Diapason (du grec *dia*, par, et *pas*, tout). Ce mot était chez les Grecs synonyme d'octave. Dans notre langue musicale moderne, il signifie l'étendue d'une voix ou d'un instrument. Voyez, n° 407, la description du petit instrument que l'on appelle aussi diapason.

blanche sera 1/2; celle de la noire, 1/4; celle de la croche, 1/8; celle de la double-croche, 1/16; celle de la triple-croche, 1/32; celle de la quadruple-croche, 1/64.

15. Par conséquent, si l'on devait tenir la ronde une durée de 64 secondes, on ne devrait plus donner

> A la blanche que . . . . . 32 secondes.
> A la noire . . . . 16 —
> A la croche . . . . . . 8 —
> A la double-croche. . . . 4 —
> A la triple-croche . . . . 2 —
> A la quadruple-croche. . . 1 —

16. En d'autres termes :

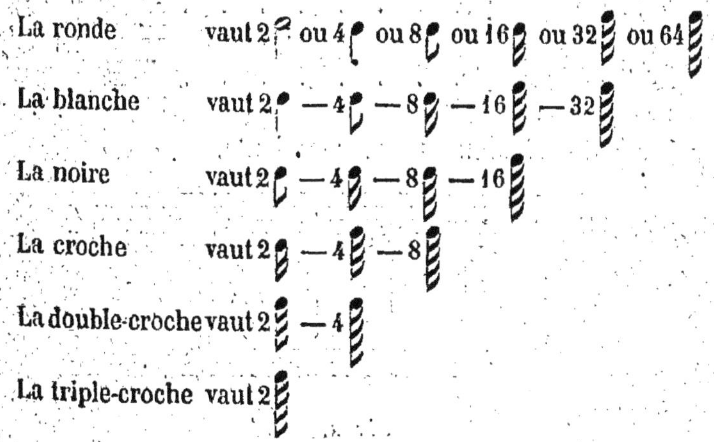

La ronde   vaut 2 ou 4 ou 8 ou 16 ou 32 ou 64

La blanche   vaut 2 — 4 — 8 — 16 — 32

La noire   vaut 2 — 4 — 8 — 16

La croche   vaut 2 — 4 — 8

La double-croche vaut 2 — 4

La triple-croche vaut 2

Silences.

17. On appelle *silences* des signes négatifs correspondant en valeur de durée à chacune des sept figures de notes.

18. Les silences indiquent qu'il faut se taire pendant le même temps que l'on chanterait si l'on trouvait la note ou le signe positif correspondant.

19. Les divers signes de silences, au nombre de sept, sont :

La pause, attachée au-dessous de la 4e ligne.

La demi-pause, placée au-dessus de la 3e ligne.

Le soupir.

Le demi-soupir.

Le quart de soupir.

Le huitième de soupir.

Le seizième de soupir.

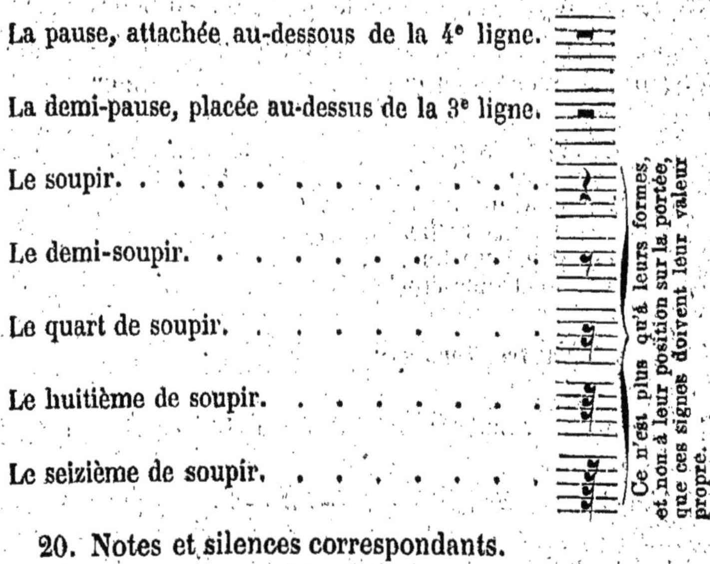

20. Notes et silences correspondants.

Clefs.

21. En musique, on appelle *clef* un signe que l'on place au commencement de chaque portée, sur l'une des cinq lignes, et qui a pour but de faire connaître le nom de la note placée sur cette ligne, et par suite celui de toutes les autres notes de la portée.

22. Il y a trois sortes de clefs :

La clef de sol   la clef d'ut   et la clef de fa

23. La clef de sol se place sur la seconde ligne.

24. Remarquez que dans cette clef la partie *essentielle* a la forme de celle de *fa*, le reste n'est qu'un ornement servant à la distinguer de celle-ci.

25. La clef de sol est la plus usitée; elle sert à noter la musique des *soprani* ou dessus, c'est-à-dire la musique écrite pour voix de femme et d'enfant. Beaucoup d'instruments l'emploient aussi, tels sont : la flûte, le violon, la clarinette, etc., aussi est-ce la clef dont l'étude nous occupera d'abord (1).

3

GAMME DIATONIQUE. — TÉTRACORDES, — LECTURE ET INTONATION.

26. On appelle *gamme diatonique* la succession ascendante ou descendante, par degrés conjoints ou consécutifs de huit sons, formant cinq tons et deux demi-tons. (Nᵒˢ 101 et 152.)

Diatonique, de deux mots grecs *dia*, par, *tonos*, ton.

27. La gamme *chromatique* est celle qui ne procède que par demi-tons.

---

(1) Nous verrons l'étude des autres clefs aux chapitres 18 et suiv.

Les Grecs notaient le genre chromatique avec des couleurs, d'où ce nom.

28. Les deux demi-tons dans la gamme diatonique se trouvent, le premier, de la 3e à la 4°, et le deuxième, de la 7° à la 8° note.

29. Les huit sons ou notes de la gamme sont désignés par les monosyllabes :

UT ou Do, RÉ, MI, FA, SOL, LA, SI, DO.
1,   2, 3, 4,   5,   6, 7, 8.

30. Le huitième son n'est que la répétition du premier à l'octave supérieure, c'est-à-dire huit degrés plus haut. C'est la première note d'une autre série dont tous les degrés se reproduisent exactement dans le même ordre. Aussi les appelle-t-on encore *do, ré, mi, fa, sol, la, si, do;* mais cette dernière note *do* est encore le commencement d'une autre octave, à part l'acuité, en tout semblable aux deux précédentes, et ainsi de suite. L'étendue ou diapason de la voix humaine est d'environ une octave et demie.

Octave moyenne.

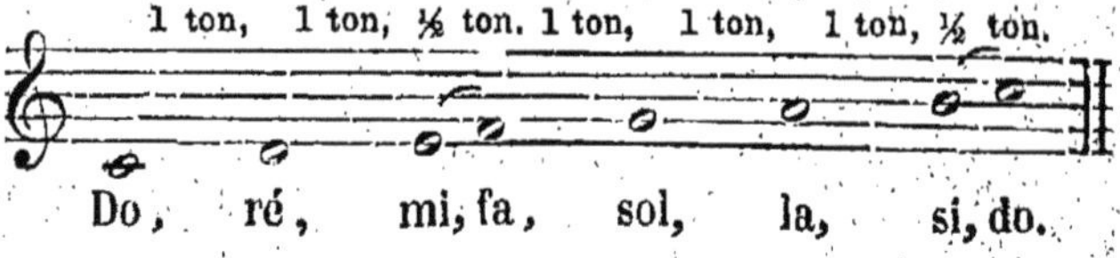

Tétracordes.

31. La gamme est formée de deux tétracordes, c'est-à-dire de deux séries semblables de quatre sons chacune.

Tétracorde, de deux mots grecs, *tetra,* quatre, et *chordè,* corde, son.

32. Les notes du premier tétracorde de la gamme sont : Do, ré, mi, fa;

Et celles du second : Sol, la, si, do.

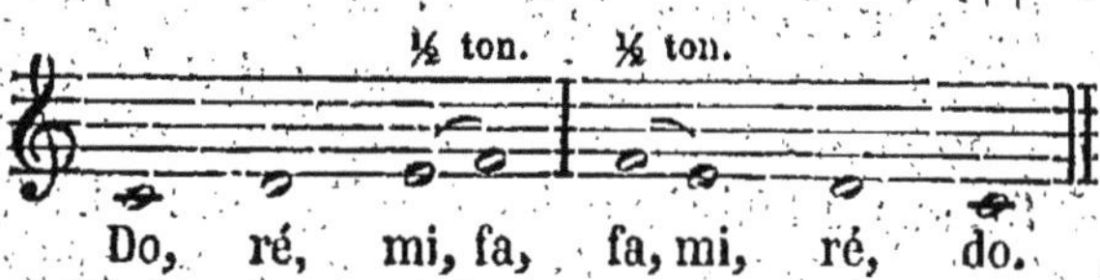

Lecture et intonation sur le premier Tétracorde.

33. Les notes du premier tétracorde se trouvent, savoir :

DO, sur la première ligne additionnelle au-dessous de la portée;

RÉ, au-dessous de la première ligne de la portée;
MI, sur la première ligne;
FA, sur le premier interligne.

1re LEÇON. (1).

---

(1) Le professeur fera exécuter ces exercices non mesurés avec le mouvement et l'intonation qu'il jugera convenables, en les appropriant aux divers besoins des élèves. Inutile d'ajouter aussi que ces rondes n'ont aucune valeur déterminée de durée.

Lecture et intonation sur le second Tétracorde.

34. Les notes du second tétracorde se trouvent, savoir :

> SOL, sur la seconde ligne ;
> LA, sur le second interligne, entre la 2ᵉ et la 3ᵉ ligne ;
> SI, sur la troisième ligne, la ligne du milieu ;
> DO², sur le troisième interligne, entre la 3ᵉ et la 4ᵉ ligne..

EXERCICES A LIRE D'ABORD, PUIS A CHANTER.

Nota. Nous pensons que ce ne doit être que plus tard qu'il devra être question de la série des notes graves et des notes aiguës des exercices suivants, ainsi que des nᵒˢ 12 et 13.

Lecture et Intonation sur le premier Tétracorde de la seconde octave.

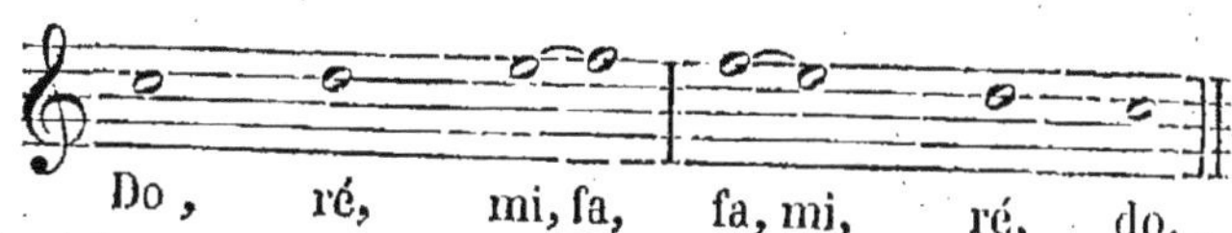

35. Les notes du premier tétracorde de la deuxième octave se trouvent :

DO, sur le troisième interligne, entre la 3e et la 4e ligne;

RÉ, sur la quatrième ligne;

MI, sur le quatrième interligne, entre la 4e et la 5e ligne;

FA, sur la 5e ligne.

EXERCICES.

(Lire avant de chanter).

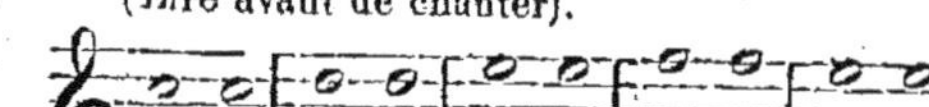

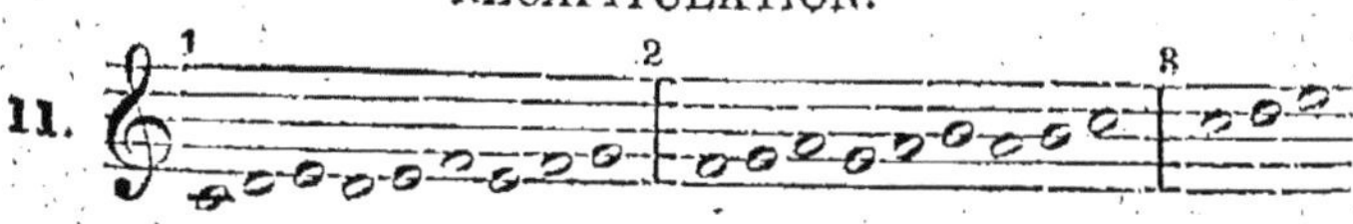

RÉCAPITULATION.

NOTES AIGUES.

Lire les notes aiguës et les chanter ensuite à l'intonation de l'octave
inférieure.

4

INTERVALLES, EXERCICES DE LECTURE ET D'INTONATION.

36. On appelle intervalle la distance qui sépare un son quelconque d'un autre plus grave ou plus aigu.

37. Cette distance s'évalue et se désigne par tons et demi-tons comptés sur l'échelle de la gamme diatonique, depuis le son le plus grave jusqu'au plus aigu, y compris les deux notes extrêmes qui limitent cet intervalle.

38. L'intervalle le plus simple est celui qui existe entre deux notes conjointes ou consécutives de la gamme diatonique, comme entre *do* et *ré*, *mi* et *fa*. Cet intervalle est dit de *seconde;* majeure, lorsqu'il renferme un ton; mineure, quand il renferme un demi-ton. La gamme contient, par conséquent, cinq secondes majeures formées par les cinq tons, et deux secondes mineures formées par les deux demi-tons.

39. Les intervalles dits de tierce, de quarte, de quinte, de sixte, de septième et d'octave renferment, par conséquent, ainsi que l'indiquent ces noms, 3, 4, 5, 6, 7, 8 sons. (Chap. 17.)

Lecture et intonation.

—

GAMME DIATONIQUE. — INTERVALLE DE SECONDE.

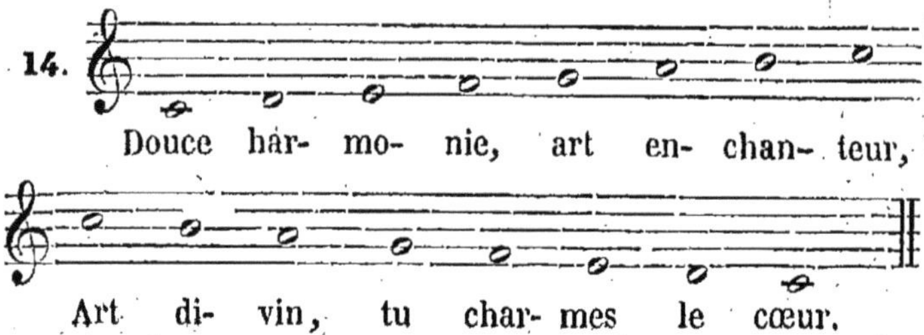

INTERVALLE DE TIERCE.

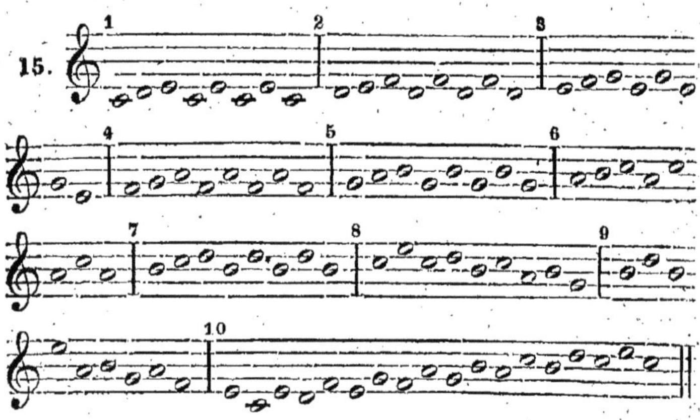

TIERCES ET QUARTES.

QUINTES ET INTERVALLES PRÉCÉDENTS.

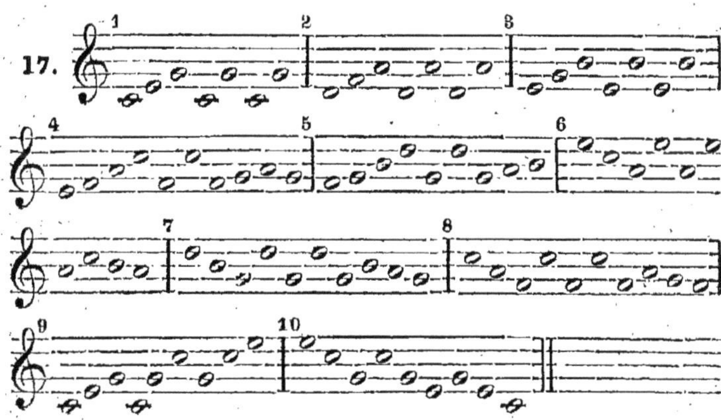

SIXTES ET INTERVALLES PRÉCÉDENTS.

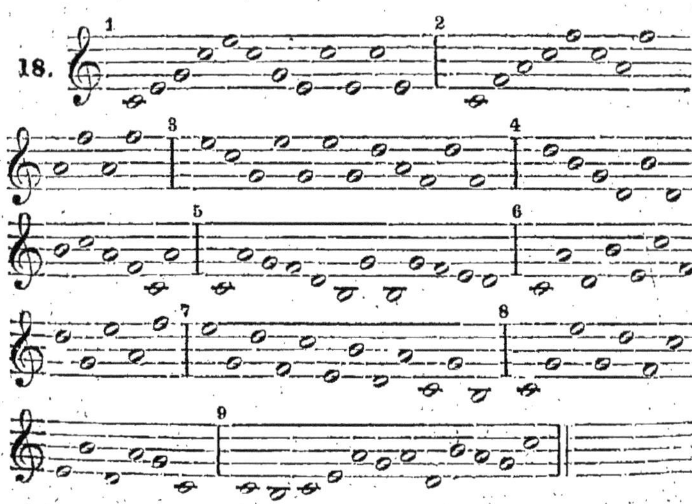

SEPTIÈMES, OCTAVES ET INTERVALLES PRÉCÉDENTS.

5

MESURE OU RHYTHME. — MÉTRONOME. — DIVERSES SORTES DE MESURES.

40. *Battre la mesure*, c'est diviser la durée en parties égales qu'on appelle *temps*.

41. En musique, cette division de la durée se fait par un mouvement régulier, soit de la main ou du pied, soit encore au moyen d'un instrument de précision, le métronome.

42. Le métronome est un mécanisme d'horlogerie in-

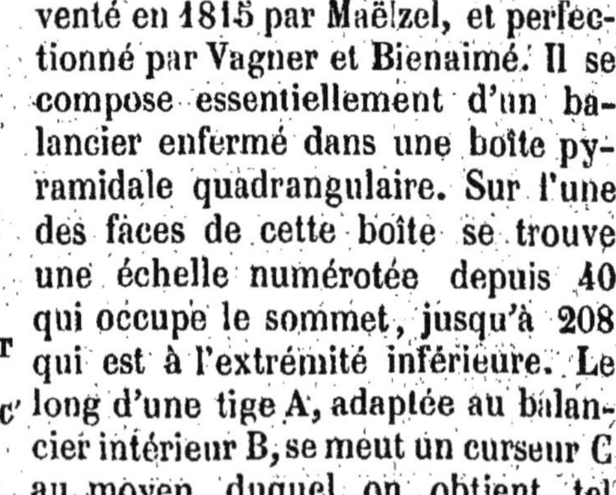
Métronome Maëlzel.

venté en 1815 par Maëlzel, et perfectionné par Vagner et Bienaimé. Il se compose essentiellement d'un balancier enfermé dans une boîte pyramidale quadrangulaire. Sur l'une des faces de cette boîte se trouve une échelle numérotée depuis 40 qui occupe le sommet, jusqu'à 208 qui est à l'extrémité inférieure. Le long d'une tige A, adaptée au balancier intérieur B, se meut un curseur C au moyen duquel on obtient tel mouvement que l'on désire; pour cela on n'a qu'à faire glisser le curseur jusqu'à ce que sa partie supérieure effleure un nombre donné; on abandonne alors la tige à elle-même, et les oscillations, qui sont sensibles à l'oreille, indiquent les temps de toute espèce de mesures. Quelquefois le métronome est muni intérieurement d'un petit timbre que l'on met à même de sonner le premier temps de chaque mesure, en tirant la tige **T** suivant les indications qui sont tracées sur elle. Tout le mécanisme est mû par un ressort intérieur que l'on monte comme une pendule avec la clef **C'**.

43. Chaque numéro de l'échelle indique le nombre d'oscillations exécuté par le pendule en une minute, lorsque le curseur mobile est sur ce nombre.

44. Ainsi, un morceau de musique en tête duquel on trouve : M. M. ♩ = 60, signifie (Métronome Maëlzel) qu'il faut placer le curseur sur le nombre 60 et que la durée d'une oscillation est alors d'une seconde et d'une blanche, c'est-à-dire que l'on a 60 oscillations, 60 ♩ par minute.

M. M. ♪ = 60 signifie 60 oscillations, 60 ♪ par minute.
M. M. ♩ = 100 — 100 — 100 ♩ —
M. M. ♩. = 96 — 96 — 96 ♩. —

45. On bat la mesure pour assurer à chaque signe de durée sa véritable valeur.

46. Il y a trois sortes de mesures ou de rhythmes :

La mesure à deux temps, la mesure à quatre temps et la mesure à trois temps.

47. Chacune de ces mesures se divise en deux classes : les mesures simples ou à division binaire, et les mesures composées ou à division ternaire.

48. Les mesures simples ou à division binaire sont celles dont chaque temps admet 2, 4, 8 et 16 divisions,

c'est-à-dire les mesures qui n'ont que la valeur de 2 croches par temps.

49. Les mesures composées ou à division ternaire sont celles dont chaque temps admet 3, 6, 12, 24 divisions, c'est-à-dire les mesures qui n'ont que la valeur de 3 croches par temps.

50. La mesure simple à deux temps se marque par $\frac{2}{4}$, 2 ou ₵.

La mesure composée à 2 temps se marque par $\frac{6}{8}$.

—	simple à 3 temps.	$3, \frac{3}{4}, \frac{3}{8}$.
—	composée à 3 temps.	$\frac{9}{8}$.
—	simple à 4 temps.	4, ₵.
—	composée à 4 temps.	$\frac{12}{8}$.

51. Le dénominateur (nombre inférieur) des fractions employées pour indiquer les diverses espèces de mesures indique en combien de parties l'unité, qui est la ronde, a été divisée; et le numérateur (nombre supérieur), combien on prend de ces parties pour former la mesure entière. Ainsi, la fraction $\frac{2}{4}$ indique que la ronde a été divisée en 4 parties, et que pour former la mesure on en a pris 2. Dans cette mesure on a par conséquent 2 noires, 1 par temps.

52. Cette manière d'interpréter les fractions indicatives de la mesure est encore la même pour les mesures beaucoup moins usitées que l'on appelle dérivées, telles sont celles que l'on indique par les fractions $\frac{2}{1}, \frac{6}{2}, \frac{6}{4}, \frac{3}{1}$, etc. etc.; nous ajouterons qu'un numérateur impair donne une mesure à 3 temps; qu'un numérateur divisible par 4 donne une mesure à 4 temps, et qu'un numérateur divisible seulement par 2 indique une mesure à 2 temps.

53. Dans l'écriture musicale, on appelle *mesure* la valeur, en notes ou en silences, renfermée entre deux barres verticales qui coupent la portée et que l'on appelle *barres de mesure.*

Barres de mesure simples.   Double-barre.

La double-barre termine un morceau où l'une de ses grandes divisions.

54. Entre deux barres de mesures, on doit toujours trouver, soit en notes soit en silences, ou en l'un et l'autre, la valeur de la mesure indiquée après la clef, à moins que ce ne soit au début d'un morceau où très-souvent, si la mélodie ne commence pas la mesure, on se dispense d'écrire les silences qui doivent ouvrir cette mesure. Mais si la fin du morceau doit s'enchaîner avec le commencement, la dernière mesure doit contenir les valeurs complémentaires de la première.

55. La pause ━, bien qu'équivalant à une ronde, sert néanmoins à représenter une mesure entière, quelle qu'en soit d'ailleurs l'espèce, et prend ainsi accidentellement la valeur de cette mesure.

56. Tous les temps d'une mesure sont égaux en durée, mais tous ne le sont pas en force ou intensité. Il y en a que l'on doit accentuer plus fortement : ce sont les temps impairs qui sont *temps forts;* les temps pairs sont *faibles.* Si le temps se compose de plusieurs notes, la première seule est *forte.*

Dans tout corps de musique, les temps forts sont spécialement frappés par les instruments de basse et par les instruments à percussion.

6

DIVISION BINAIRE.

PREMIERS EXERCICES MESURÉS DE SOLFÉGE.

MESURE A 2 TEMPS MARQUÉE $\frac{2}{4}$.

Exemple de valeurs contenues dans cette mesure.

57. La mesure à deux temps se bat par un frappé au premier temps, et par un levé au deuxième. Le premier temps est fort.

58. Nota. — L'élève commencera à battre la mesure à 2 temps, en comptant brièvement et énergiquement 1 en frappant, 2 en levant, et marquera un petit temps d'arrêt après chaque mouvement; exécutera ainsi plusieurs fois cet exercice préparatoire dans lequel l'arrière-bras devra rester à peu près immobile pour ne mouvoir que l'avant-bras, sans trop de roideur et dans un plan vertical. Pour la parfaite égalité des temps, le métronome

serait ici d'un grand secours; ajoutons que pour quelques organisations ingrates cet instrument est indispensable.

59. Faire la lecture rhythmique d'un morceau, c'est l'exécuter en dépouillant les notes de leur intonation, se bornant à les nommer, en mesure, du nom qu'elles acquièrent par leur position sur la portée; solfier, c'est y ajouter l'intonation; vocaliser, c'est solfier en remplaçant le nom des notes par une voyelle unique : tous les instruments vocalisent. (Commencer chaque leçon par la lecture rhythmique.)

Premiers exercices de Solfége mesurés.

Une ♩ ou un ♪ par temps.

LE POLYCORDE.

Une ♩ par mesure.

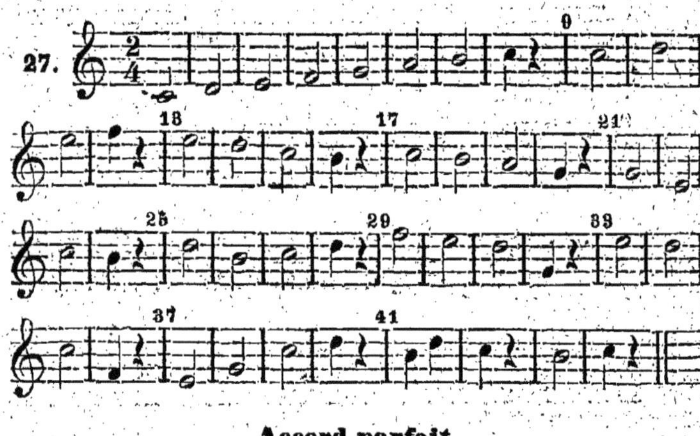

Accord parfait.

29.
30.
31.

2

7

MESURE A 4 TEMPS MARQUÉE 4 OU ₵.

Solfége.

Exemple de valeurs contenues dans cette mesure.

60. La mesure à 4 temps se bat :

Au 1er temps par un frappé. .   .   .   .

— 2e temps par un mouvement à gauche.

— 3e temps par un mouvement à droite.

— 4e temps par un levé. .   .   .   .

Ce qui constitue la figure ci-dessous :

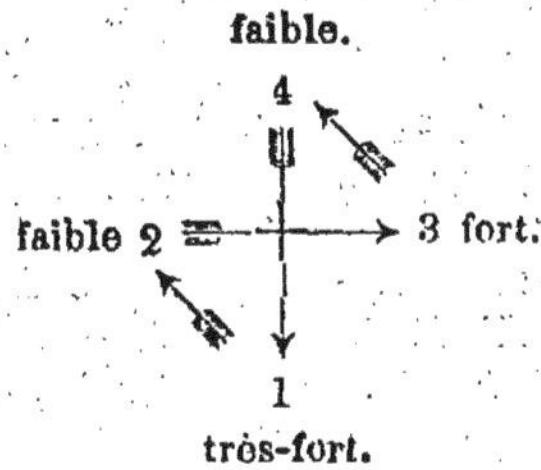

61. Pour battre la mesure à 4 temps, ayez les yeux sur la direction des flèches, et, déplaçant ensuite brusquement la main dans cette direction, comptez brièvement 1, 2, 3, 4, ayant soin de marquer un petit intervalle d'arrêt après chaque temps. Renouvelez cet exercice jusqu'à ce que vous n'ayez plus besoin de l'indication des flèches.

62. Les Italiens battent les deux premiers temps par deux *frappés*, et les deux derniers par deux *levés*. On peut aussi frapper les 4 temps.

LE POLYCORDE.

LE POLYCORDE.

8

DU POINT AUGMENTATIF. — DES NOTES POINTÉES.

63. Un point (·) après une note augmente cette note de la moitié de sa valeur. Par conséquent une note pointée vaut une fois et demie sa valeur primitive. Ainsi, la ronde pointée vaut trois blanches, la blanche pointée trois noires, etc.

64. Une note suivie de deux points (··) vaut les trois quarts de plus que sa valeur ordinaire. Le second point vaut, par conséquent, la moitié du premier. Ainsi, la ronde suivie de deux points vaut trois blanches et une noire, ou sept noires.

65. Le point et le double point se placent aussi après les silences (la pause et la demi-pause exceptées) avec les mêmes conditions de valeur que pour les notes.

45.

LA MÊME RÉDUITE A $\frac{2}{4}$ (1).

46.

(1) A exécuter de cette manière, en réalisant d'abord très-sensiblement le *point-croche* par un renflement de la voyelle finale du nom de la note précédente.

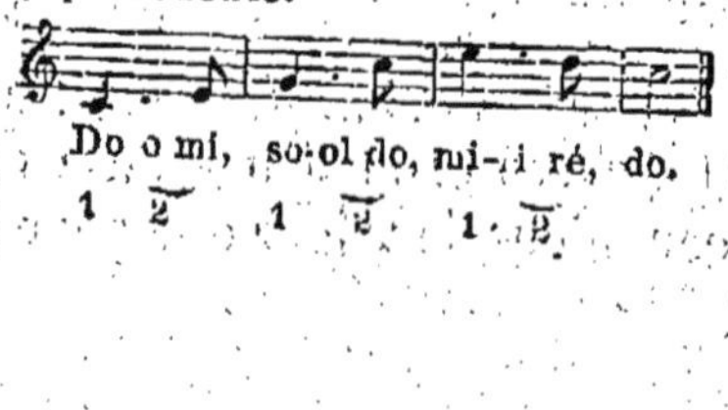

9

MESURE A 3 TEMPS MARQUEÉ 3, $\frac{3}{4}$, OU $\frac{3}{8}$.

Exemples de valeurs contenues dans cette mesure.

66. La mesure à 3 temps se bat :

Au 1er temps par un frappé. . . . .

— 2e temps par un mouvement à droite. . 

— 3e temps par un levé. . . . .

Ce qui donne la figure :

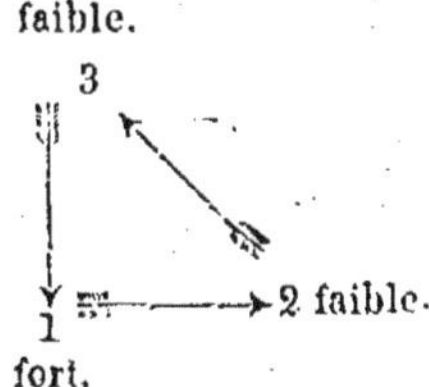

Pour battre la mesure à 3 temps, ayez les yeux sur la direction des flèches, et déplacez ensuite brusquement la main dans cette direction, en comptant énergiquement 1, 2, 3, ayant soin de marquer un petit intervalle d'arrêt après chaque temps.

LE POLYCORDE.

EXERCICES SUR LA MESURE A 3 TEMPS.

MESURE A TROIS-HUIT.

Exemple de valeurs contenues dans cette mesure.

52.
53.

10

SIGNES ALTÉRATIFS DE L'INTONATION.
DIÈZE, BÉMOL, BÉCARRE.

67. Les signes altératifs de l'intonation sont : le *dièze*, le *bémol* et le *bécarre*.

68. Le dièze (♯) est un signe dont l'effet est de hausser d'un demi-ton la note devant laquelle il se trouve placé.

69. Le bémol (♭) est un signe dont l'effet est de baisser d'un demi-ton la note devant laquelle il se trouve placé.

70. Le bécarre (♮) est un signe qui a pour effet de remettre dans son ton naturel la note précédemment haussée par le dièze ou baissée par le bémol.

71. On appelle dièze, bémol accidentels, ceux qui apparaissent *accidentellement* dans le cours d'un morceau. Leurs effets s'étendent à toutes les notes de même nom que la note directement altérée qui la suivent dans la même mesure, n'importe à quelle octave. Le bécarre seul peut soustraire ces notes à l'action de ces deux signes d'altération.

Leçon pour se familiariser avec le FA ♯.

Intonation de FA et UT dièzes.

Intonation de FA, DO et SOL dièzes.

Leçon pour se familiariser avec le SI ♭.

Intonation de SI ♭ et MI ♭.

Intonation de SI, MI et LA bémols.

11

TERMES MODICATIFS DU MOUVEMENT, NUANCES, EXPRESSION, LEGATO, STACCATO, APPOGIATURE, GRUPETTO, TRILLE, POINT D'ORGUE, REPRISE, ABRÉVIATIONS DANS L'ÉCRITURE MUSICALE.

72. Le mouvement est le degré de vitesse ou de lenteur que l'on donne à la mesure en raison du caractère de la pièce de chant.

73. Le mouvement est ordinairement indiqué en tête du morceau.

74. Les mots italiens généralement employés pour indiquer le mouvement sont les suivants :

Grave qui signifie	Grave, le plus lent de tous les mouvements.
Largo (1)	Large, sévère.
Lento.	Lent.
Larghetto.	Largement, moins sévère.
Adagio (2) . . .	Lentement, posément.
Sostenuto. . . .	Soutenu, en soutenant les sons.
Maestoso	Majestueux.
Affettuoso. . . .	Affectueux.
Cantabile.	Chanter avec goût, avec grâce.
Tempo di marcia.	Temps ou mouvement de marche.
Andante (M.M.=84)	Allez, sans trop de lenteur.
Andantino. . . .	Moins lent que l'*andante.*
Tempo giusto . . .	Temps juste : ni lent, ni vite.

(1) Correspond à peu près à M. M. = 44 oscillations par minute.
(2)   —   —   à M. M. = 60   —   —

Grazioso	Gracieusement.
Allegretto ou all^{tto}	Avec allégresse, d'une vivacité gracieuse,
Allegro ou all°. .	Gai, vif.
Presto (M. M.=176).	Vif, rapide, animé.
Prestissimo	Le plus vif de tous les mouvements.

75. Les termes que l'on ajoute quelquefois au mouvement sont les suivants :

Con espressione .	Avec expression.
Moderato. . . .	Modéré.
Doloroso	Douloureux, avec tristesse.
Commodo. . . .	Commode, commodément.
Quasi.	Presque.
Non troppo. . .	Pas trop.
Con brio. . . .	Avec éclat, brillamment.
Agitato.	Agité.
Scherzando . . .	En badinant, gai, léger.
Mosso	Animé.
Più mosso. . . .	Plus animé.
Molto ou assai. .	Beaucoup.
Con fuoco. . . .	Avec feu.
Vivace.	Avec vivacité.
Furioso.	Avec fureur.

76. On entend par nuance le degré de force ou de faiblesse que l'on doit donner aux sons dans le cours d'un morceau.

77. Les principaux termes italiens servant à indiquer les nuances sont les suivants :

Piano, sotto voce.	*P.*	Faible, doux, à demi-voix.
Pianissimo . . .	*PP.*	Très-faible.
Dolce.	*Dol.*	Doux.
Forte.	*F.*	Fort.
Fortissimo. . . .	*FF.*	Très-fort.
Mezzo forte . . .	*M. F.*	Demi-fort.
Rinforzando. . .	*Rinf.*	En renforçant.
Crescendo. . . .	*Cresc.*	En augmentant de force.

Decrescendo. . . .	*Decresc.*	En diminuant de force.
Smorzando . . .	*Smoz.*	En mourant.
Diminuendo. . .	*Dim.*	En diminuant.
Ritardando . . .	*Ritard.*	En retardant.
Rallentendo. . .	*Ral.*	En ralentissant.
Ritenuto	*Rit.*	Retenir.
Vibrato.		En vibrant.
A 1° tempo . . .		Revenir au 1er mouvement.
Ad libitum . . .	*ad lib.*	A volonté.
A piacere. . . .		A plaisir.
Con anima . . .		Avec âme.
Con spirito . . .		Avec esprit.
Poco à poco. . .		Peu à peu.

Autres signes d'expression.

78. Ce signe ⟨ indique qu'il faut commencer *pianissimo* la note ou le passage affecté du signe et augmenter ensuite progressivement de force.

79. Le même signe tourné en sens inverse ⟩ signifie aussi tout le contraire. Son effet est plus marqué lorsqu'il est ouvert en bas Λ.

80. La réunion des deux signes ⟨⟩ indique aussi la réunion des deux effets, c'est-à-dire le passage doux du *pianissimo* au *forte* et du *forte* au *pianissimo*. Il est de règle d'augmenter l'intensité du son en allant du grave à l'aigu, l'inverse a lieu en descendant.

81. Ces trois signes peuvent se qualifier : le premier, d'accent aigu; le second, d'accent grave, et le troisième d'accent circonflexe.

Du Legato, du Staccato.

82. On appelle *notes liées, coulées*, celles que l'on exécute sans solution de continuité dans le passage d'une note à l'autre. C'est le *legato*, le lié, le coulé.

83. Dans la musique avec paroles, les notes apparte-

nant à une même syllabe sont liées et forment un groupe
embrassé par un arc ⌒, qui est le signe ordinaire de
liaison. Dans ces cas aussi on trouve réunies par un
trait, un double-trait, etc., les queues des croches,
doubles-croches, etc. Mais dans la musique sans paroles,
cette réunion des notes à *crochets* a ordinairement lieu
sans indiquer pour cela la liaison.

84. Le *legato* convient parfaitement à l'interprétation
du genre religieux.

85. On appelle *notes saccadées, détachées, piquées,*
celles que l'on attaque sèchement et auxquelles on ne
donne qu'une partie de leurs valeurs. C'est le *staccato.*
Ce genre d'exécution, qui est tout le contraire du legato,
est ordinairement indiqué par un point rond ou allongé
surmontant la note qui doit être ainsi exécutée.

AUTRES ORNEMENTS DU CHANT.

Appogiature, Gruppetto, Trille.

86. On appelle *appogiature* (de l'italien *appogiare,*
appuyer), une petite note sur laquelle on appuie légère-

ment avant de passer à la note principale. Elle est le plus souvent étrangère à l'harmonie, et se prend ordinairement un degré en dessus ou en dessous de la note à laquelle elle s'attache; elle s'articule plus fortement lorsqu'elle est en dessus. Quelquefois l'appogiature est écrite en note ordinaire; il faut alors l'exécuter rigoureusement. Dans les mesures à 2 et à 4 temps sa valeur est ordinairement la moitié de la note principale; dans la mesure à 3 temps elle en est les deux tiers.

87. Quelquefois les petites notes s'exécutent assez vite pour ne point altérer sensiblement la valeur des notes principales, comme dans la seconde mesure de l'exemple ci-dessus.

88. On appelle *gruppetto*, groupe, un assemblage de trois ou quatre petites notes ascendantes ou descendantes dont la valeur se prend ordinairement en avant de la note qui en est affectée. On l'indique quelquefois par ce signe ∾.

89. Le *trille* est le battement alternatif et accéléré de deux notes voisines; sa durée est égale à la valeur de la note sur laquelle il a lieu. Ce signe affecte particulièrement les notes finales du chant dont il est un des plus beaux ornements. Il s'indique simplement par *t* ou *tr*.

Lucas Conforti, de la Chapelle pontificale, est le premier chanteur qui l'aurait, dit-on, pratiqué en 1591.

Du Point d'orgue.

90. Une note ou un silence surmontés d'un *point d'orgue* ⌒ ne sont plus soumis à l'empire de la mesure; leurs valeurs sont au gré du chanteur ou de l'exécutant qui brode alors des ornements que lui suggère son goût ou qui se trouvent réellement écrits, ordinairement en petites notes non mesurées.

Mais dans tous les cas le point d'orgue sur une note équivaut au signe ◁▷.

91. Le point d'orgue surmontant une double barre de mesure est un signe de terminaison et remplace alors le mot *fin*; surmontant un silence, il se nomme point d'arrêt.

Du Renvoi, de la Reprise, etc.

92. Le renvoi est un signe 𝄋 indiquant qu'il faut remonter jusqu'à un signe semblable placé généralement en tête du morceau, et continuer ensuite jusqu'au mot *fin*, qui surmonte ordinairement la double barre.

93. On appelle *reprise* la répétition d'un certain nombre de mesures qu'on renferme entre deux doubles-barres de mesure, la première suivie et la seconde précédée de deux points.

94. Les deux mots italiens *Da Capo* ou *D. C.*, que l'on trouve quelquefois à la fin d'un morceau, signifient qu'il faut le reprendre au commencement.

95. On appelle *Coda*, du latin *cauda*, *queue*, un certain nombre de mesures destinées à terminer complétement un morceau.

96. Lorsqu'on trouve 1re *fois*, 2e *fois* près d'une reprise, cela indique que la fin de cette reprise ne peut, quant aux valeurs de notes ou de silences, s'enchaîner avec ce qui suit qu'en substituant la 2e terminaison à la 1re. Mais jamais les deux terminaisons ne s'exécutent l'une à la suite de l'autre.

Abréviations dans l'écriture musicale.

NOTATION.
EFFET.
INDICATION.
EFFET.
INDICATION.
EFFET.
INDICATION.
EFFET.
8e .... loco.
INDICATION.
EFFET.

97. EXERCICES DE VOCALISATION

POUR APPRENDRE A OBSERVER LES PRINCIPALES NUANCES.

98. Disons maintenant que le secours d'un maître est indispensable à celui qui veut acquérir la véritable interprétation des signes ou termes usuellement employés pour donner à tout morceau de chant ses couleurs les plus naturelles et les plus ordinaires. De plus, tout n'est pas indiqué dans la musique; on n'y trouve à peu près que les seules indications matérielles que la pratique de l'art révélerait facilement, mais non ce dernier coloris d'expression qui échappe aux formes mathématiques de la classe de solfége, et dont un maître de l'art peut seul enseigner le secret.

12

MODES. — MODE MAJEUR. — FORMATION DES GAMMES MAJEURES.

---

99. On appelle *mode*, la constitution d'une gamme, sa manière d'être caractérisée par la place qu'occupent les deux demi-tons à l'égard de la première note, qui est la note principale, la *tonique*.

100. La musique des anciens avait au moins quinze modes; le Plain-Chant nous en a conservé huit, notre musique moderne n'en a plus que deux : le mode *majeur* et le mode *mineur*, tirés, le premier, de la gamme majeure, et le second, de la gamme mineure.

Mode majeur. — Gamme majeure.

101. On appelle *gamme majeure*, celle dans laquelle on trouve un demi-ton du troisième au quatrième degré, et un second du septième au huitième, c'est-à-dire qu'à partir de la tonique, qui peut être une des sept notes, *do, ré, mi, fa, sol, la, si* naturelles, diézées ou bémolisées, la gamme majeure offre toujours :

2 tons, 1 demi-ton, 3 tons, 1 demi-ton.

102. La gamme ordinaire qui commence par *do*, offrant naturellement cette disposition de tons et de demi-tons, est le type, le modèle des gammes majeures.

103. Mais aucune série de huit sons, dont le premier n'est pas la note *do*, n'offre *à priori* cette disposition; le

dièze et le bémol sont alors les deux signes auxquels
on a recours pour ramener le premier demi-ton du 3e au
4e, et le deuxième du 7e au 8e degré.

104. En effet, si pour former la gamme de *ré* majeur,
nous comparons la série *ré* à la série modèle en les met-
tant en regard,

nous trouvons que les deux demi-tons de la série inférieure ne coïncident déjà plus avec ceux de la série modèle; ainsi le premier se trouve du 2e au 3e, et le second
du 6e au 7e; à part ces deux irrégularités, mais qui sont
capitales pour l'oreille, l'analogie serait d'ailleurs complète. Mais, remarquons maintenant que pour obtenir
une identité parfaite, il suffira de refouler le *fa* et le *do*
un demi-ton plus haut, en les haussant par le dièze; ou
mieux, en les remplaçant par *fa* ♯ et *do* ♯. La similitude
sera complète, car on aura alors :

Voilà pourquoi nous trouvons plus loin deux ♯ dans la
gamme de *ré*, quatre ♯ dans celle de *mi*, un ♭ dans celle

de *fa*, etc., lorsque nous cherchons à former ces dernières comme ci-dessus.

De plus, nous voyons que les gammes de *ré*, de *mi*, de *fa*, etc., ne sont que la gamme d'*ut* transposée (n° 200), un ton, deux tons, deux tons et demi, etc., plus haut.

Enfin il sera facile de former, comme nous venons de le faire voir, une gamme majeure sur l'un des douze demi-tons de l'échelle.

GÉNÉRATION DES GAMMES.

Ordre progressif des dièzes. — Gamme avec dièzes.

105. Nous avons vu, n° 31, que la gamme d'*ut* est composée de deux tétracordes semblables, superposables. Nous pouvons déjà couclure que la série commençant par *sol* contient *à priori* quatre notes communes avec la gamme modèle; mais si nous poursuivons de part et d'autre ces deux séries,

nous ne constatons qu'une seule irrégularité : le second demi-tòn du 6e au 7e degré; mais en diézant le *fa*, nous aurons bien rendu la série de *sol* semblable à celle d'*ut*, car nous écrirons alors :

ce qui nous donne la gamme de *sol* majeur, semblable, comme on le voit, à la gamme type d'*ut*.

Mais cette nouvelle échelle de *sol* est composée aussi
de deux tétracordes semblables :

ce qui nous amène à comparer de même la série *ré* à la
gamme de *sol*, prise à son tour pour type. Si nous poursuivons les deux séries,

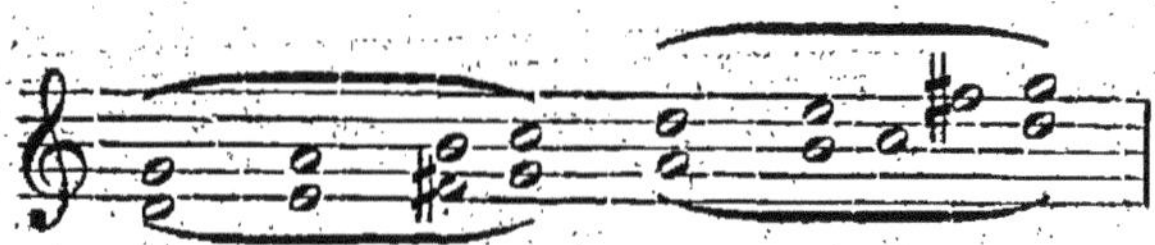

nous constatons encore une irrégularité exactement analogue, c'est-à-dire que le dernier demi-ton arrive, dans
la série *ré*, un degré *trop tôt*. Mais en diézant le *do*,
nous formons la gamme de *ré*, car nous avons alors :

106. C'est ainsi que nous voyons naître un nouveau
dièze à chaque nouvelle quinte prise comme tonique; ce
dièze, venant s'ajouter aux précédents, forme un nouveau
nombre qui est aussi celui qu'il eût fallu pour écrire directement cette gamme en la comparant à celle d'*ut*,
comme nous l'avons fait n° 104. C'est là l'ordre progressif des dièzes et la génération naturelle des gammes diézées. D'où le tableau suivant :

Tableau des Gammes majeures avec dièzes.

ORDRE PROGRESSIF DES BÉMOLS.

Gamme avec bémols.

108. Nous venons de voir que les gammes avec dièzes s'engendrent par *quintes ascendantes*, ou, ce qui revient au même, par quartes descendantes; nous allons voir maintenant que les gammes avec bémols se forment inversement par *quintes descendantes* ou *quartes ascendantes* : le résultat est identique.

En effet, si nous comparons la série de *fa* à la série modèle, nous n'y trouvons qu'un tétracorde régulier : le second, *do, ré, mi, fa*. Quant au premier, *fa, sol, la, si,*

il est irrégulier, en ce que le demi-ton se trouve du 4ᵉ au 5ᵉ degré; mais par la bémolisation du *si,* nous remarquons que nous le replaçons bien du 3ᵉ au 4ᵉ, et que nous avons alors la gamme de *fa* semblable à la gamme modèle.

Si nous cherchons encore à comparer la quinte inférieure de *fa*, c'est-à-dire la série de *si* ♭ à cette gamme de *fa*, prise maintenant comme type, nous constaterons encore une irrégularité exactement analogue : c'est-à-

dire la quarte augmentée, ou trois tons entiers consécutifs à compter de la première note :

Mais si par le bémol nous rendons cette quarte juste,
en baissant le *mi*, nous aurons formé une nouvelle
gamme, celle de *si* ♭, semblable à celle de *fa*, et par
conséquent à celle d'*ut*, et nous aurons :

109. Nous ferions les mêmes remarques à l'égard des
séries *mi* ♭, *la* ♭, etc., sur lesquelles la même opération
nous conduirait à la formation de toutes les gammes du
tableau ci-après.

C'est ainsi que nous verrions survenir un nouveau
bémol à chaque nouvelle quinte prise pour tonique;
ce ♭ venant s'ajouter aux précédents forme un nouveau
nombre qui indique conséquemment celui des quintes
descendantes qui ont concouru à former telle gamme.

C'est là l'ordre progressif des bémols et la génération
naturelle des gammes bémolisées.

REMARQUE.

110. On verra par le tableau suivant que, à part la
tonique *fa*, toutes les autres toniques sont bémolisées.

Tableau des Gammes majeures avec bémols. (1)

On remarque que les tons bémolisés, surtout dans les orchestres, ont une sonorité moins brillante que les tons
[...] aussi sont-ils généralement employés
[...] en Allemagne surtout. Ajoutons cepen-
[...] en Ré [...] s'il avec succès.

13

ARMATURE. — CONCLUSION DU CHAPITRE PRÉCÉDENT. CONNAISSANCE DE LA TONIQUE. CERCLE HARMONIQUE. — DOUBLE-DIÈZE, DOUBLE-BÉMOL.

112. En musique, on appelle *armature* la réunion, après la clef, des dièzes ou des bémols qui ont concouru à la formation d'une gamme. Ainsi, au lieu d'écrire, par exemple, la gamme de *mi* comme dans le tableau n° 107, on écrira :

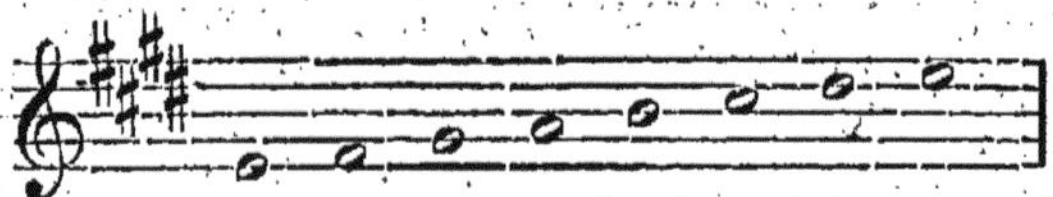

Une mélodie étant le résultat d'une combinaison de sons empruntés à telle ou telle gamme, ne peut avoir que l'armature pure et simple de sa gamme génératrice, et cela quand bien même cette mélodie ne renfermerait pas toutes les notes diézées ou bémolisées de l'armature qui est la *marque de fabrique* de toute pièce de chant. Ajoutons que lorsque quelque passage d'une mélodie a été tiré accidentellement d'une autre gamme que celle dans laquelle est écrite la pièce, l'armature ne change pas pour cela, à moins que ce passage n'ait une certaine étendue et soit une des grandes divisions du morceau.

113. Un court passage étranger à la tonalité primitive

constitue une modulation (nᵒ 339). Ce n'est plus alors que par des dièzes, bémols ou bécarres accidentels que s'établit la nouvelle tonalité.

114. Quant à l'ordre dans lequel les ♯ ou les ♭ doivent se reproduire pour composer l'armature, il doit être le même que celui dans lequel ces accidents sont intervenus pour former successivement la gamme de *sol*, de *ré*, etc. Or, le tableau nᵒ 107 nous montre que le 1ᵉʳ dièze qui intervient se place sur le *fa*, le 2ᵉ sur le *do*, le 3ᵉ sur le *sol*, etc. Au tableau nᵒ 111, nous remarquons de même que le *si* est la première note bémolisée, le *mi* la seconde, le *la* la troisième, etc.; c'est-à-dire, enfin, que les dièzes qui composent l'armature se placent de quinte en quinte en montant, ou de quarte en quarte en descendant, en commençant par *fa*, et les bémols, inversement, de quarte en quarte en montant ou de quinte en quinte en descendant, en commençant par *si*.

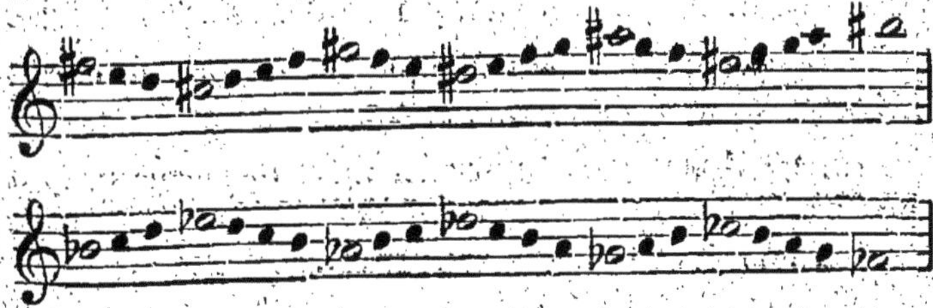

Voici enfin la disposition ordinaire :

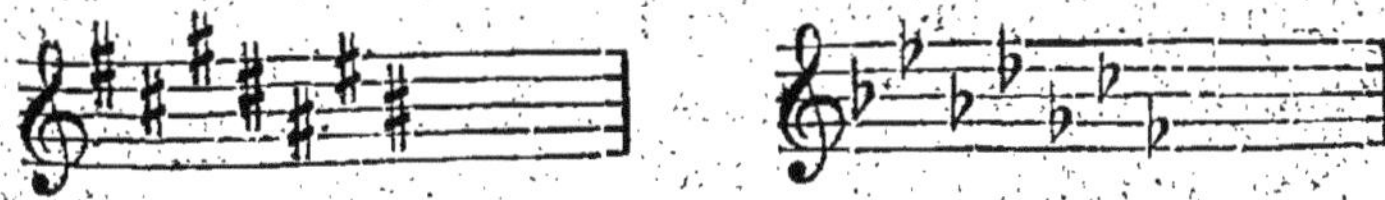

115. On remarquera que la place du dernier ♯ est précisément la place du premier ♭, et réciproquement.

Connaissance de la tonique par l'armature.

—

Dièzes.

116. Il résulte du tableau n° 107, qu'avec des dièzes à la clef, *la tonique se trouve sur la note qui suit immédiatement la dernière diézée.*

117. Ainsi étant diézées

(A)   les notes : fa, do, sol, ré, la, mi, si.

(B)   1♯, 2♯, 3♯, 4♯, 5♯, 6♯, 7♯.

(C) les toniques seront : sol, ré, la, mi, si, fa♯, do♯.

118. Ainsi, sachant par cœur la dernière ligne (C), on aura à l'instant la tonique en comptant sur cette ligne autant de monosyllabes qu'il y a de dièzes à l'armature.

La ligne (B) du milieu indique le nombre de dièzes afférent à chaque ton.

119. 1ʳᵉ REMARQUE. Le dernier dièze de l'armature est toujours placé sur l'*avant-dernière note* de la gamme engendrée par cette armature.

120. 2° REMARQUE. On trouve encore la tonique en divisant par 2 le nombre de ♯ de l'armature ; le quotient indique combien de tons entiers (1ʳᵉ acception, n° 152) la tonique compte au-dessus de la note *do*.

Exemple : 4♯ ; $\frac{4}{2} = 2$ tons au-dessus de *do* : tonique *mi*.

121. Si le nombre à diviser est impair, le reste 1, que l'on élimine, indique que ce nombre de tons est à prendre dans le 2° tétracorde, au-dessus de la note *sol*. Exemple : 5♯ ; $\frac{5-1}{2} = 2$ tons au-dessus de *sol* : tonique *si*.

Armature avec bémols.

122. Il résulte également du tableau, p. 59, qu'avec une armature en bémols, *la tonique se trouve sur l'avant-dernière note bémolisée.* (Dans le cas d'un seul bémol, la tonique est *fa*.)

123. Ainsi, étant bémolisées

(A)   les notes : si, mi, la, ré, sol, do, fa.

(B)   1♭, 2♭, 3♭, 4♭, 5♭, 6♭, 7♭.

(C) les toniques sont : fa, si♭, mi♭, la♭, ré♭, sol♭, do♭.

124. Ainsi, sachant par cœur cette dernière ligne (C), on a à l'instant la tonique, en comptant sur cette ligne autant de monosyllabes qu'il y a de bémols à l'armature.

La ligne (B) du milieu indique le nombre de bémols afférent à chaque ton.

125. 1ʳᵉ REMARQUE. Le dernier bémol de l'armature est toujours placé une quarte au-dessus de la tonique, ou une quinte au-dessous.

126. 2ᵉ REMARQUE. On trouve encore la tonique en divisant par 2 le nombre de bémols de l'armature ; le quotient indique combien de tons entiers (1ʳᵉ acception) la tonique se trouve au-dessous de la note *do*. Exemple : 6♭ ; $\frac{6}{2} = 3$ tons au-dessous de *do* : tonique *sol* ♭.

127. Si le nombre d'accidents est impair, le reste 1, que l'on élimine, indique que c'est à partir de la note *fa* que l'on compte ce nombre de tons. Exemple : 7 ♭ ; $\frac{7-1}{2} = 3$ tons au-dessous de *fa*, c'est-à-dire *ut* ♭ ; 11 ♭ (ils existent en théorie) $\frac{11-1}{2} = 5$ tons au-dessous de *fa*, soit *sol* ♮.

Cercle harmonique.

128. En superposant une suite de 12 quintes successives, à partir de *do*, on accumule 12 ♯, et l'on trouve que cette 12ᵉ quinte est la même que celle du point de départ, c'est-à-dire *si* ♯ ou *do* ♮.

129. Une opération semblable par quintes descendantes donne aussi 12 ♭, et la 12ᵉ quinte est *ré* ♭♭ ou *do* ♮.

130. C'est ce que l'on appelle le cercle harmonique,

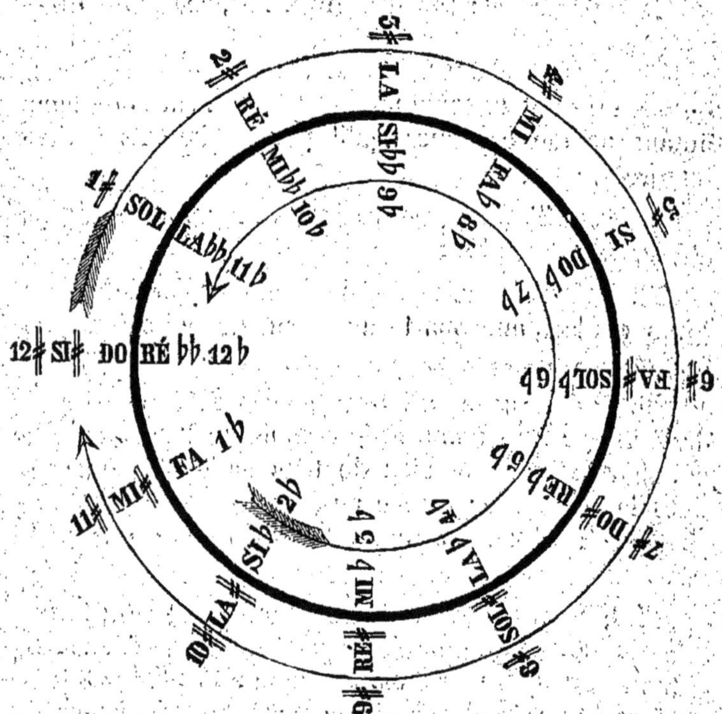

131. Mais si, au lieu de monter ou de descendre par quinte, on monte ou l'on descend par intervalle de seconde majeure, c'est-à-dire par tons entiers, on trouve deux nouveaux ♯ à chaque nouvelle seconde majeure ascendante, et deux nouveaux ♭ à chaque nouvelle seconde majeure descendante; il s'ensuit donc que pour parcourir les 6 tons de la gamme, dans un sens ou dans l'autre, on accumule 12 ♯ ou 12 ♭, comme en parcourant douze quintes.

132. On voit de plus qu'il doit en être ainsi, en remarquant que la superposition de deux intervalles de quinte donne un intervalle de 9ᵉ, ou de seconde, si on le réduit par la soustraction du chiffre 7 à un intervalle simple, et

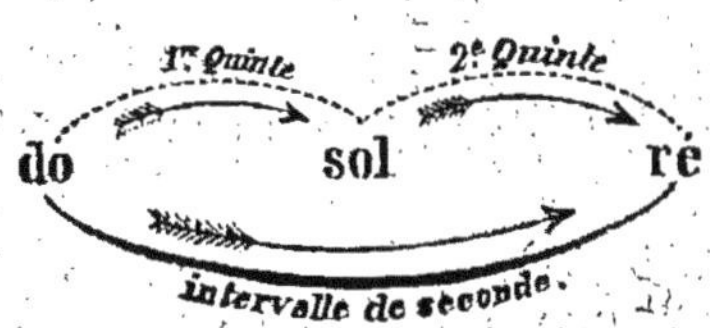

que, par conséquent, l'échelonnement de 12 quintes ou celui de 6 secondes majeures, en donnant l'un et l'autre le même nombre d'accidents, parcourent le même intervalle : la gamme entière.

133. Toutefois, il est d'usage de ne jamais dépasser le nombre de 7 ♯ ou de 7 ♭ à l'armature, en prenant toujours, dans deux gammes *enharmoniques* (1) dont l'une

---

(1) Les gammes de *do* ♯ et de *ré* ♭, par exemple, sont dites enharmoniques; la première plus élevée que la seconde d'un comma lui est cependant rendue identique sur les instruments à son fixe, comme le piano, par une légère altération dite *tempérament.* Mais les instruments à cordes savent bien faire sentir cette différence. (*Voyez la partie acoustique de cet ouvrage.*)

est avec dièzes et l'autre avec bémols, celle qui fournit
le moins de ces accidents, car il résulte en effet de ce
qui précède et des tableaux n⁰ˢ 107 et 111, que :

La gamme de ré ♭ ou de do ♯ exige 5 ♭ ou 7 ♯.
—   ré ♮ ou mi ♭♭   — 2 ♯ au lieu de 10 ♭.
—   mi ♭ ou ré ♯   — 3 ♭ au lieu de 9 ♯.
—   mi ♮ ou fa ♭   — 4 ♯ au lieu de 8 ♭.
—   fa ♯ ou sol ♭   — 6 ♯ ou 6 ♭.
—   sol ♮   — 1 ♯.
—   la ♭ ou sol ♯   — 4 ♭ au lieu de 8 ♯.
—   la ♮   — 3 ♯.
—   si ♭ ou la ♯   — 2 ♭ au lieu de 10 ♯.
—   si ♮ ou ut ♭   — 5 ♯ ou 7 ♭.

Du double-dièze et du double-bémol.

134. Une note déjà altérée par un des accidents de
l'armature peut encore être, dans le cours d'un morceau, accidentellement *suraltérée* par un nouveau dièze
ou un nouveau bémol : c'est alors une note doublement
diézée ou doublement bémolisée. Ces notes sont alors
précédées du double-dièze 𝄪 ou du double-bémol ♭♭.
Le double-dièze a pour effet de hausser d'un ton, et le
double-bémol de baisser d'un ton la note devant laquelle
ces signes se trouvent placés. Le ♮ rend simple l'effet du
double-dièze et du double-bémol.

135. Le ♮ a, comme on le voit, la valeur d'un dièze,
lorsqu'il doit avoir pour effet de détruire l'action d'un
bémol, et a la valeur d'un bémol, lorsque au contraire il
doit détruire un dièze.

14

SOLFÉGE.

**TRIOLET. — MESURE MARQUÉE ₵ OU 2.
SYNCOPES.**

NOIRES AVEC SOUPIRS.

ACCORD PARFAIT EN SOL.

Du Triolet.

DIVISION ACCIDENTELLEMENT TERNAIRE

136. On appelle *triolet* la réunion de trois notes de même valeur, que l'on exécute dans le même temps que deux de même forme. Ainsi, la noire divisée en trois parties donne trois croches, dont la valeur totale n'est que de deux : ce sont en effet $\frac{3}{8}$ qui ne doivent pas valoir plus de $\frac{2}{2}$. Le triolet peut se rencontrer sur toutes les valeurs. Le chiffre 3 surmonte ordinairement le groupe du triolet. Le sextolet est un groupe de six notes n'ayant que la valeur de quatre.

68.
69.

NOTES DÉTACHÉES.

STACCATO.

72.
1re fois.
2e fois.
D. C
EXERCICES SUR LES CONTRE-TEMPS.
73.

Mesure marquée ₵ ou 2.

137. Lorsque le ₵ qui indique la mesure à 4 temps est barré, cette mesure se bat à 2 temps; on a par conséquent la valeur d'une blanche par temps. Les morceaux ainsi mesurés dessinent une *marche*, sorte de musique destinée à régler le pas. La pose à terre du pied gauche représente le premier temps, le temps frappé; celle du pied droit, le second, le temps levé.

139. Ce sont des marches que nos musiques instrumentales jouent ainsi en *marchant*, lorsqu'elles accompagnent nos processions de la Fête-Dieu, par exemple. Le pas est lent, mais chaque pose du pied réunit 2 temps.

139. Le pas-redoublé, également destiné à régler le pas, diffère de la *marche*, en ce qu'il est toujours à $\frac{2}{4}$ ou ou à $\frac{6}{8}$; le pas est plus précipité : c'est le pas accéléré; mais on n'a toujours pour type de temps que la noire ou la noire pointée.

140. Lorsqu'une marche se joue au repos, il n'y a nul inconvénient à battre la mesure à 4 temps, pourvu qu'on double la vitesse du mouvement.

Beaucoup de chœurs ont le caractère de la marche.

L'usage des *marches militaires* date de la guerre de Trente ans, au commencement du xviie siècle.

141. On trouve ordinairement indiquée à 2 temps un morceau dont la mesure contient la valeur de quatre noires, à mouvement vif, mais qui ne dessine pas une marche. (Leçon 75.)

142. Cette réunion de plusieurs temps en un seul a lieu aussi dans la mesure à 3 temps, lorsque le mouvement est vif, comme dans la valse; on ne frappe alors que le premier temps, les autres suivent.

S. Marche.
74.
5.
9
13
17
27
1re fois.
2e fois.
S.
Deux par temps.
Allegro.
75.
22
4
8
12
16

76.
MARCHE.
77.

LE POLYCORDE.

Syncope.

143. On appelle *Syncope* la prolongation d'un temps faible sur un temps fort. Elle est dite régulière lorsque les deux parties en sont d'égale valeur; brisée, dans le cas contraire.

Exemple de la syncope régulière.

Exemple de la syncope irrégulière ou brisée.

144. Nous avons vu que deux notes situées sur le même degré, et unies par le signe ordinaire de liaison ⌒, s'exécutent sans solution de continuité l'une à la suite de l'autre, c'est-à-dire en n'articulant que la première.

145. Pour exécuter les syncopes, il est nécessaire que l'élève se rende parfaitement compte de chaque temps. Ainsi, dans l'exemple qui suit, la noire vaut bien deux croches, mais la première seulement est articulée; la seconde se fait sentir en renforçant le son sur cette dernière partie du temps.

EXERCICES SUR LA SYNCOPE.

83.
84.

RÉDUCTION A $\frac{2}{4}$ DE LA LEÇON 81.

15

DIVISION TERNAIRE.

MESURE A SIX-HUIT MARQUÉE $\frac{6}{8}$ (2 temps).

Exemple de valeurs contenues dans cette mesure.

CHASSE (Méhul.)

Mesure à neuf-huit marquée $\frac{9}{8}$ (à 3 temps).

Exemple de valeurs contenues dans cette mesure.

Mesure à douze-huit marquée $\frac{12}{8}$ (4 temps).

Exemple de valeur contenues dans cette mesure.

EXERCICE SUR LA MESURE A $\frac{12}{8}$.

16

MODE MINEUR. — GAMME MINEURE.

Diverses acceptions du mot Ton. — Nom absolu de chacun des degrés de la Gamme. — Remarques pour reconnaître le Mode et le Ton d'un morceau sans le secours de l'armature.

---

146. On appelle gamme *mineure*, celle dans laquelle le premier demi-ton se trouve du 2e au 3e degré. En descendant, le second demi-ton est ordinairement placé du 5e au 6e. Au reste, voici plusieurs manières de chanter la gamme de *la* mineur, gamme type de ce mode.

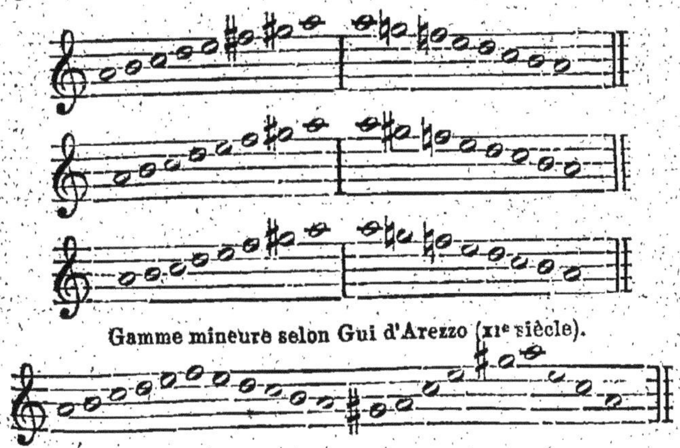

Gamme mineure selon Gui d'Arezzo (xie siècle).

147. Cette gamme est dite mineure, parce que la tierce *la-do* et la sixte *la-fa* sont mineures (n° 160). On sait qu'elles sont majeures (*do-mi, do-la*) dans le mode majeur.

148. On appelle gamme mineure *relative*, ou mineur *relatif* d'un mode majeur, la gamme mineure située un ton et demi au-dessous du mode majeur.

Gamme d'Ut majeur et de La mineur, son relatif.

149. Chaque ton majeur a son relatif mineur, et réciproquement.

150. L'armature d'une gamme mineure est toujours celle de sa gamme majeure correspondante; les autres altérations nécessaires à la formation du mode ne sont toujours indiquées que comme accidentelles, en s'écrivant dans le cours du morceau et non à la clef.

Toniques majeures et mineures relatives.

151. Comment donc reconnaître le mode dans lequel est écrit tel morceau, l'armature étant la même dans les deux modes?

C'est là souvent, il faut le dire, une difficulté sérieuse pour les commençants; mais nous espérons les mettre à même d'en triompher facilement au moyen de tout ce qui va suivre.

Pour bien fixer les idées, il est nécessaire de faire connaître les diverses acceptions du mot *ton*, acceptions trop nombreuses, qui ne contribuent pas peu à jeter la confusion dans certaines parties de la théorie musicale. Nous devons faire connaître aussi le nom donné à chacune des notes d'une gamme quelconque, à raison du rôle que chacune d'elles joue dans la mélodie et des tendances qu'elle y manifeste.

Diverses acceptions du mot Ton.

152. On appelle ton :

1° L'intervalle caractéristique du genre diatonique. Ainsi, on dit : de *do* à *ré* il y a un ton, de *mi* à *fa* un demi-ton. Le demi-ton est le plus petit intervalle employé en musique.

2° La modalité d'un morceau, c'est-à-dire le mode auquel il appartient. C'est dans ce sens que l'on dit : ton majeur, ton mineur, pour mode majeur, mode mineur.

3° La tonalité d'un morceau, c'est-à-dire l'échelle ou la gamme dans laquelle est écrit ce morceau. C'est ainsi qu'on dit : chanter dans le ton de *ré*, de *sol*, de *la*, etc., lorsque la tonique est l'une de ces notes.

4° Le degré de gravité ou d'acuité sur lequel est monté un instrument à cordes. Ainsi on dit : le ton de ce piano, de cette harpe est trop bas, lorsque, par exemple, la corde qui doit donner *do* ne donne peut-être que *si* ♭, ou *si* ♮, ou toute autre intonation intermédiaire.

5° Les pièces mobiles qu'on adapte à certains instruments, tels que le cor, le cornet à piston, pour jouer dans telle ou telle échelle, sans exécuter aucun des accidents qui constituent ce ton (3e *acception*). On sait qu'avec un nombre suffisant de tons, on pourrait exécuter toutes les gammes majeures sans accidents.

Noms donnés à chacun des degrés d'une gamme
153.   majeure ou mineure.

La 1re note se nomme Tonique (en ut majeur et la mineur do, la).
La 2e   —   Su-tonique   —   ré, si.
La 3e   —   Médiante   —   mi, do.
La 4e   —   Sous-dominante   —   fa, ré.
La 5e   —   Dominante   —   sol, mi.
La 6e   —   Su-dominante   —   la, fa.
La 7e   —   Sensible   —   si, sol ♯.
La 8e   —   Tonique octave   —   do, la.
La 3e, la 4e, la 5e et la 6e se nomment aussi tierce, quarte, quinte, sixte.

Moyens de reconnaître le Mode et le Ton d'un morceau sans le secours de l'armature.

154. Une mélodie commence et finit toujours par une des trois notes de l'accord parfait du ton majeur ou mineur dans lequel elle a été écrite. Ces trois notes sont :
1° La tonique;
2° La médiante, qui forme avec la tonique un intervalle de tierce majeure lorsque le mode est majeur, et un intervalle de tierce mineure lorsque le mode est mineur;
3° La quinte ou dominante.
Quant à la finale d'un morceau, elle est à peu près exclusivement la tonique, attendu que cette note produit seule le sentiment d'un repos complet.
(Vérifiez ceci sur un certain nombre de morceaux.)

155. Les notes de l'accord parfait surtout constituent *les cadres*, *les notes principales*, *essentielles* et *radicales* de toute mélodie. Les notes qui remplissent ces cadres ne sont aussi le plus souvent que de *passage*, de *remplissage*, qui n'ont qu'une importance secondaire dans la mélodie.

Aussi les notes d'un accord sont-elles des *jalons* dont la mélodie aime à suivre la direction, et des *points fixes* sur lesquels les dessins mélodiques aiment à commencer et à finir. Ceci est vrai d'ailleurs, quoique à des degrés différents, pour toute espèce d'accords et de tonalités.

Soit maintenant à trouver le mode et le ton d'un morceau commençant ainsi :

156. Ce morceau débute par les notes *mi* (ré) *do, la-mi, mi-la*, qui sont précisément les notes de l'accord parfait de la mineur, la, do, mi. Ce qui nous révèle tout d'abord et ce ton et ce mode. Mais si nous poursuivons, nous trouvons encore que la deuxième mesure débarrassée des notes de *passage*, les doubles-croches, nous fournit *la, sol♯, la, do, mi* : le sol diézé cesse alors d'être la quinte du ton d'ut majeur, pour devenir la 7ᵉ du ton de la mineur. On sait que cette *sensible* n'est toujours distante que d'un demi-ton de la tonique. Enfin, remarquez la marche assurée de la mélodie vers la tonique *la*, dans la 3ᵉ mesure.

Mais soit un autre morceau débutant ainsi :

157. Remarquez le début : *mi, do, sol, mi*, les trois notes de l'accord parfait majeur d'ut. Cela seul suffirait pour déterminer le mode et le ton. Mais remarquez encore dans la seconde mesure cette portion de gamme qui part de sol pour aboutir sur le mi ; sol (blanche), mi (noire), deux notes du même accord sur lesquelles la mélodie fait repos.

158. Enfin on comprendra toute l'importance du rôle que jouent dans la mélodie les trois notes de l'accord parfait, en présence de morceaux composés exclusivement de ces notes. Telles sont toutes les sonneries militaires, la marche en retraite, par exemple.

Peut-on, sans s'inquiéter de l'armature, ne pas reconnaître à l'instant le ton d'ut majeur?

159. Soit encore le morceau *A la grâce de Dieu.*

Serait-il nécessaire d'en noter davantage pour reconnaître le mode? Nous ne le pensons pas; les mots *doux* et *triste*, écrits en tête du morceau, la fréquence des notes *la, do, mi,* le sol ♯, tout concourt à nous révéler le ton de la mineur. Mais remarquons dans les seize mesures finales du morceau l'absence de tout sol ♯ accidentel

que l'on avait trouvé jusqu'ici et que l'oreille réclame

encore si impérieusement. Que s'est-il passé? cette absence de sol♯ accuserait-elle le ton d'ut majeur? Il n'en
est rien, car la note finale du morceau que nous ne transcrivons pas en entier est un *la*. Nous ne pouvons donc
qu'être en la majeur, et si l'armature de trois dièzes avait
été oubliée, ces réflexions nous conduiraient certaine-
ment à la découverte de la vérité.

160. Dans le mode mineur, la mélodie exige généralement que la sixte soit aussi haussée par le ♯ ou le ♮
lorsqu'elle précède la septième également altérée par
l'un de ces signes. A part ce cas, la sixte dans ce mode
est mineure.

161. On s'évertue trop souvent à dire aux élèves que
lorsque la quinte du ton indiqué par l'armature est haussée d'un demi-ton, on est dans le relatif mineur. Ce n'est
pas toujours exact. Exemple :

Qui peut douter que ce morceau ne soit en ut majeur,
malgré l'apparition répétée de sol♯? Ce ne sont là que des
notes de passage qui n'influent pas plus sur la tonalité que

le ré♯, le fa♯ que nous trouvons plus loin. Mais, qui peut douter aussi que les 7ᵉ, 8ᵉ, 9ᵉ et 10ᵉ mesures ne soient écrites en la mineur, malgré l'absence de tout sol ♯?

162. On trouve quelquefois des pièces de chant qui commencent en mineur et finissent en majeur même base : l'effet n'en est pas sans beauté ; mais ce n'est là qu'une licence, une dérogation à cette loi de tonalité qui exige que dans un morceau écrit à plusieurs parties le premier et le dernier accord soient précisément l'accord tonique de ce morceau. Ainsi, une harmonie écrite en ut majeur commencera et finira par l'accord de ce ton, c'est-à-dire par *do, mi, sol ;* en la mineur, par *la, do, mi,* etc.

Accord parfait dans tous les tons.

La note grave de l'accord est toujours la tonique.

(Voyez les nᵒˢ 301 et suivants de l'harmonie.)

17

DES INTERVALLES. — APPENDICE AU CHAPITRE 4.

164. Les intervalles sont simples ou composés, naturels ou altérés, majeurs ou mineurs.

165. Les intervalles simples sont ceux qui sont moindres que l'octave ; les intervalles composés, au contraire, embrassent plus d'une octave.

166. Un intervalle *naturel* est celui dont les deux notes extrêmes qui le forment sont naturelles, c'est-à-dire ne sont ni diézées ni bémolisées, comme ci-dessus.

167. Un intervalle *altéré* est celui qui a subi une altération quelconque.

168. La succession de deux, trois, quatre, etc., notes consécutives de la gamme forme bien toujours un intervalle de seconde, de tierce, de quarte, etc. (n° 40), mais chacun de ces intervalles ne renferme pas constamment le même nombre de tons ou de demi-tons ; de là les intervalles majeurs ou mineurs, augmentés ou diminués.

169. On appelle *renverser un intervalle* porter la note inférieure à l'octave supérieure ou la note supérieure à l'octave inférieure. Les intervalles renversés changent de noms, car ils deviennent tout autres.

Les intervalles majeurs deviennent mineurs;
Les intervalles mineurs deviennent majeurs;
Les intervalles augmentés deviennent diminués;
Les intervalles diminués deviennent augmentés.

Ainsi, la seconde majeure, qui renferme un ton, devient par le renversement une septième mineure, qui renferme quatre tons et deux demi-tons.

(1) C'est toujours la 1re note, la ♂, qui a été portée à l'octave supérieure.

170. Dans la gamme naturelle on trouve :

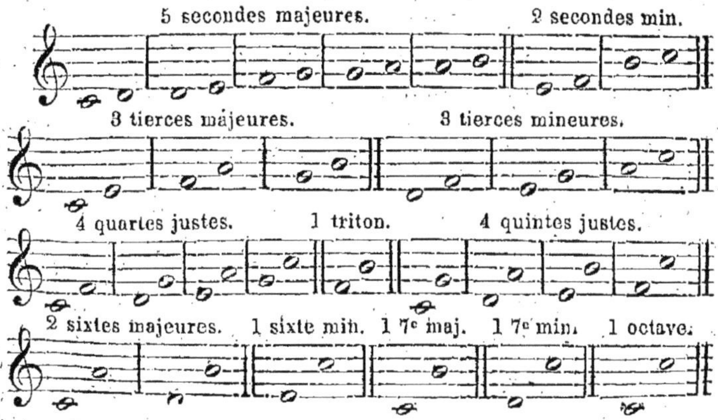

171. Remarque. — En additionnant le chiffre de l'intervalle direct avec celui de son renversement, on obtient constamment le nombre 9.

la 2de devient 7me	la 3^{ce} devient 6te	la 4te devient 5te	la 5te devient 4te	la 6te devient 3^{ce}	la 7me devient 2^{de}	l'8e devient unisson
9	9	9	9	9	9	9

172. Cette remarque donne un moyen expéditif et sûr pour trouver le renversement de l'intervalle, en ajoutant au chiffre connu de cet intervalle le nombre nécessaire pour avoir 9, ce nombre complémentaire est le nom, le chiffre du renversement. Ainsi, la quarte renversée donne une quinte, parce que 5 est le chiffre qu'il faut ajouter à 4 pour former le total 9.

AUTRE REMARQUE.

173. Les deux notes d'un intervalle quelconque entendues à la fois forment un accord qui porte précisément en harmonie le même nom que l'intervalle dont il est formé. Lorsqu'une voix tient la note *do*, pendant qu'une autre monte la gamme, ces deux voix font entendre les accords d'unisson, de seconde majeure, de tierce majeure, de quarte juste, de quinte juste, de sixte majeure, de septième majeure et d'octave.

174. Les notes destinées à être entendues à la fois pour former un accord quelconque sont toujours superposées les unes au-dessus des autres.

18

CLEF DE FA. — CLEF D'UT. — EXERCICES. — PORTÉE GÉNÉRALE.

175. La clef de fa sur la 4e ligne 

sert à noter la musique écrite pour les voix graves d'homme et les instruments dits de *basse*, tels que la contre-basse, le trombone, l'ophicléide, etc.

176. La clef de sol et celle de fa réunies servent à noter la musique de divers instruments d'un diapason très-étendu, comme l'orgue et le piano.

Rapport de la clef de fa à celle de sol.

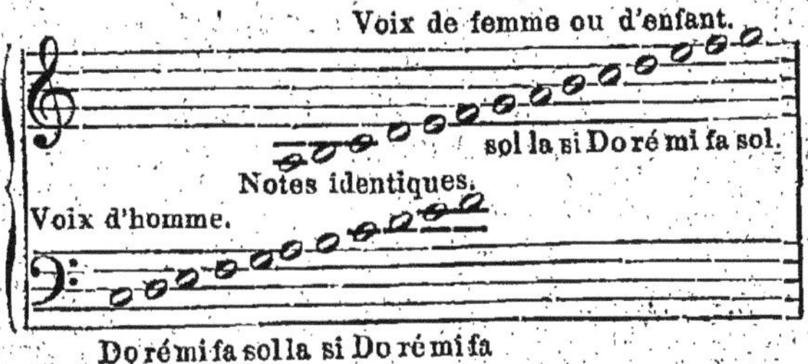

177. On voit ici que des voix de femme ou d'enfant ne peuvent chanter sur la clef de fa qu'en transposant,

6

une octave plus haut, la notation de cette clef, c'est-à-dire chanter alors :

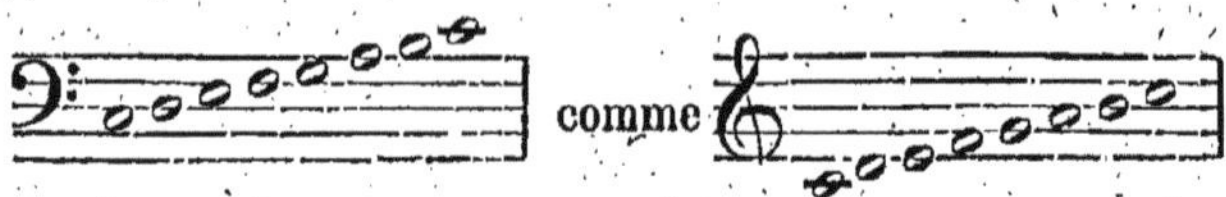

comme

et réciproquement pour des voix d'homme qui veulent chanter sur la clef de sol.

178. Mais un lutrin composé d'hommes et d'enfants de chœur *lisant les uns et les autres les mêmes notes sur la même clef*, nous montre que cette transposition se fait naturellement et sans étude; chaque espèce de voix chante sur la clef qui lui est propre : ce sont alors des effets d'octave.

179. Cette différence de diapason tient à ce que le larynx chez la femme, ainsi que chez l'enfant, est plus petit que chez l'homme adulte.

Tout ceci permettra aux sopranos d'exécuter les solféges suivants.

1er TÉTRACORDE.

Do, ré,   mi, fa.

DO se trouve entre la 2e et la 3e ligne;
RÉ — sur la 3e ligne, la ligne du milieu;
MI — entre la 3e et la 4e ligne;
et FA — sur la 4e ligne.

Exercices.

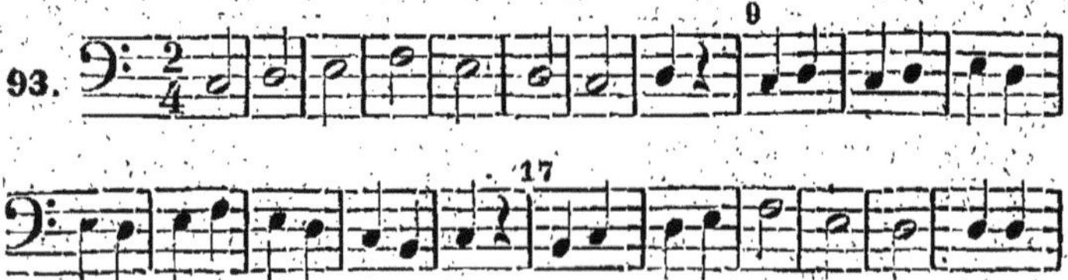

2ᵉ TÉTRACORDE.

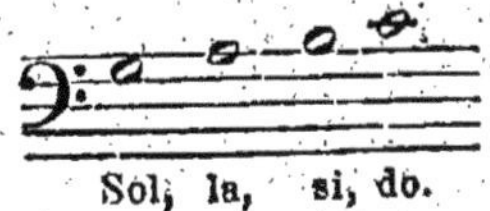

SOL se trouve entre la 4ᵉ et la 5ᵉ ligne.

LA — sur la 5ᵉ ligne, la dernière.

SI — au-dessus de la 5ᵉ ligne.

DO — sur la 1ʳᵉ ligne additionnelle au-dessus de la portée.

LE POLYCORDE.

EXERCICES SUR LE 2ᵉ TÉTRACORDE.

TÉTRACORDES RÉUNIS.

NOTES AIGUES.

98.

99.

100.

Octave grave de la clef de Fa.

Do, ré, mi, fa, sol, la, si, do.

Exercices.

101.

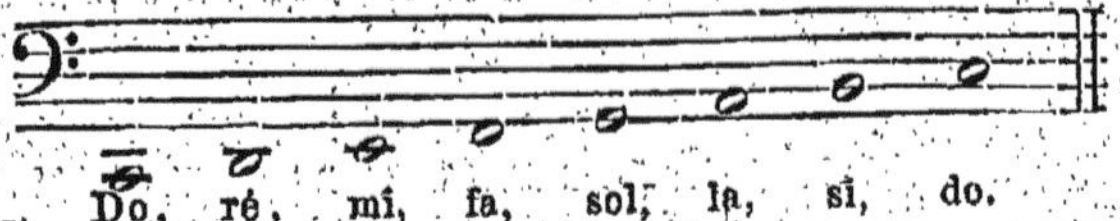

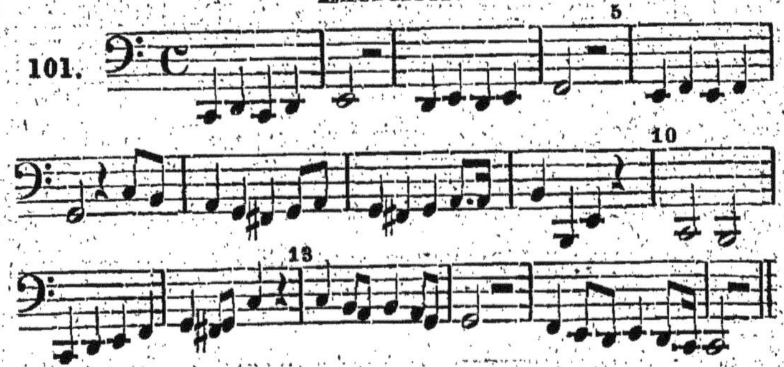

Andante.

102.

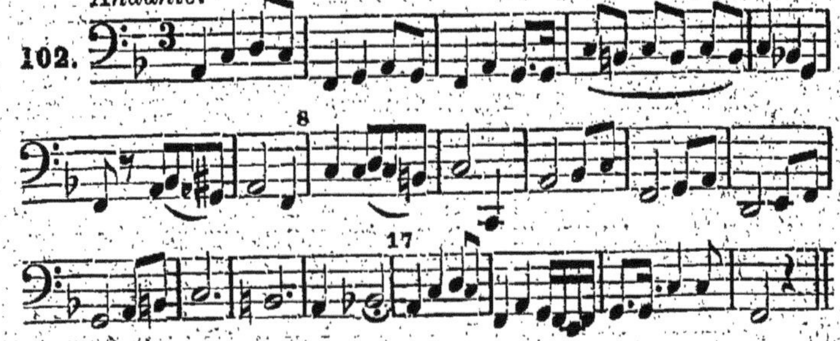

Andante.

103.

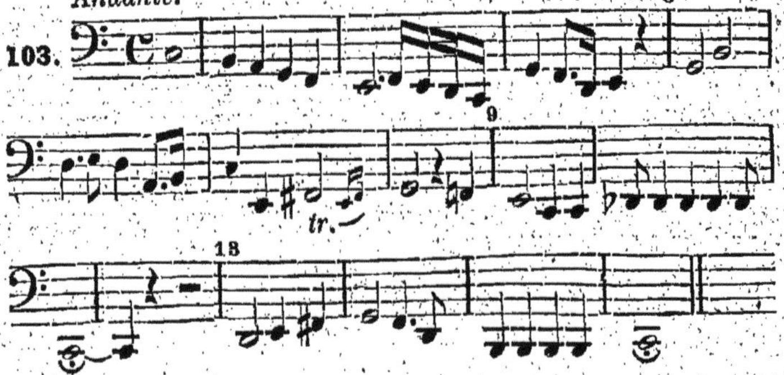

Clef de Fa 3ᵉ ligne (1).

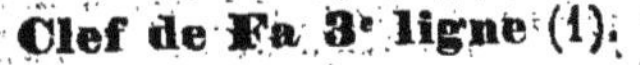

(1) Voyez le n° 181, sur la portée générale.

Clef d'Ut 1re ligne (1).

si, Do, ré, mi, fa, sol, la, si, Do, ré, mi, fa, sol.

106.

Clef d'Ut 2e ligne.

sol, la, si, Do, ré, mi, fa, sol, la, si, Do, ré, mi.

107.

(1) Voyez le n° 181, sur la portée générale.

Clef d'Ut 3ᵉ ligne.

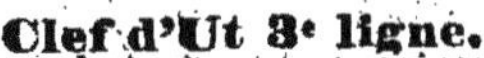
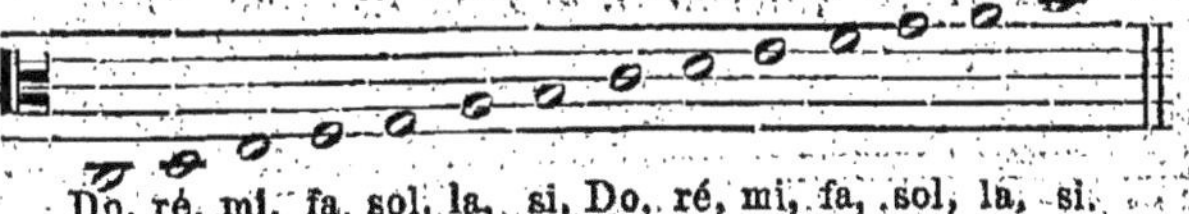

Do, ré, mi, fa, sol, la, si, Do, ré, mi, fa, sol, la, si.

Allegretto.

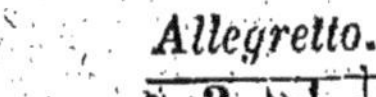

108.

Clef d'Ut 4ᵉ ligne.

Do, ré, mi, fa, sol, la, si, Do, ré, mi, fa, sol, la.

109.

180.   Portée générale. — Origine des Clefs.

181. Devant une semblable portée, qui ne représente néanmoins que l'étendue générale de la voix humaine, on conçoit bien vite l'embarras qu'eût éprouvé le lecteur. Aussi, comme chaque espèce de voix ne parcourt ordinairement que douze ou treize notes et que cinq lignes peuvent suffire à les placer, il eût été non-seulement inutile mais très-embarrassant dans la pratique de conserver les onze lignes de cette échelle générale. C'est pourquoi les voix de sopranos, qui n'ont que faire des six premières lignes, n'ont conservé que les cinq dernières et adopté la clef de sol; pour cela encore les voix de basses ont également abandonné les six dernières et adopté la clef de fa, et les voix intermédiaires ont pris, au-dessus et au-dessous de la sixième ligne (sur laquelle se trouve placée la clef d'ut), les lignes que leur diapason réclame. C'est ainsi qu'en prenant la 6e, 7e, 8e, 9e et 10e ligne, on a eu la portée avec la clef d'ut 1re ligne; les 5e, 6e, 7e, 8e et 9e barreaux ont donné la portée armée de la clef d'ut 2e ligne, et ainsi des autres positions. D'où il suit que l'ut écrit sur la ligne qui traverse la clef d'ut est toujours le même, puisque cette ligne est toujours la 6e de la portée générale, c'est-à-dire l'ut grave de la clef de sol et l'ut aigu de la clef de fa.

19

CLASSIFICATION DES VOIX.

De leur étendue, de leurs qualités, de leurs défauts, de la mue.

182. Depuis la voix la plus grave jusqu'à la plus aiguë, on trouve que l'étendue de la voix humaine est d'environ trois octaves et demi, ce qui donne une portée générale de onze lignes.

Les diverses espèces de voix sont à peu près échelonnées par tierces.

183. Les voix de femmes et d'enfants sont de trois sortes : le *premier dessus* ou premier soprano, la plus aiguë de toutes les voix, le *deuxième dessus* ou deuxième soprano, et le *contralto*.

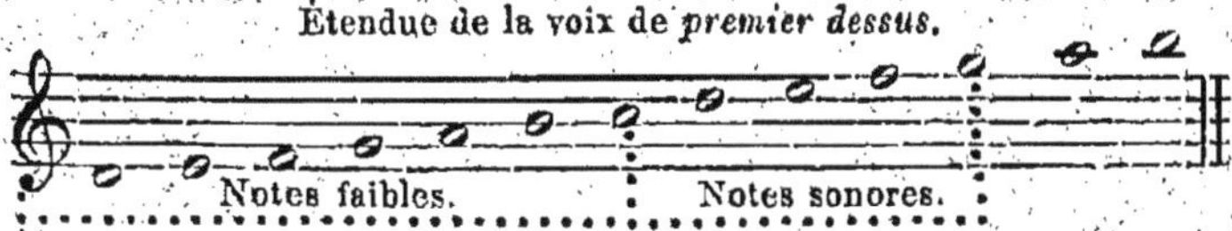

REMARQUE.

184. Les belles notes de cette espèce de voix sont de *do* à *sol*; de *ré* à *do*, dans le registre inférieur, les notes manquent de sonorité. Les enfants ont une grande tendance à abandonner leur voix dans le registre du mé-

dium; la fréquence de ces notes les amène à *crier* et leur fait perdre les notes aiguës, exemple les enfants de chœur qu'un maître de chapelle ne redresse pas constamment, en leur apprenant que la colonne d'air qui sort des poumons doit être d'autant plus condensée que les notes à émettre sont plus aiguës. Ceux qui jouent d'un instrument à vent savent cela.

185. Le *deuxième dessus*, ou deuxième soprano, est moins aigu que le premier.

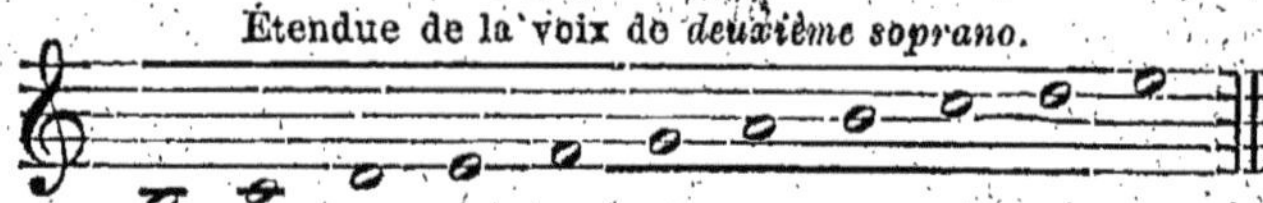

186. Le *contralto* est la voix grave de femme et d'enfant.

Cette voix, assez rare, est d'un timbre plein de douceur et de suavité.

187. Les voix d'hommes sont de quatre sortes :

Le *premier ténor*, autrefois haute-contre ou alto, la plus aiguë des voix d'hommes; le *deuxième ténor*, le *baryton* et la *basse-taille*.

188. Le *deuxième ténor* ou taille est la voix d'homme

que l'on trouve le plus fréquemment, et celle qui dans
nos opéras joue le plus brillant rôle.

Étendue de la voix de *taille* ou *ténor* proprement dit.

189. Le *baryton* ou deuxième basse est plus aigu que
la basse-taille.

Étendue de la voix de *baryton*.

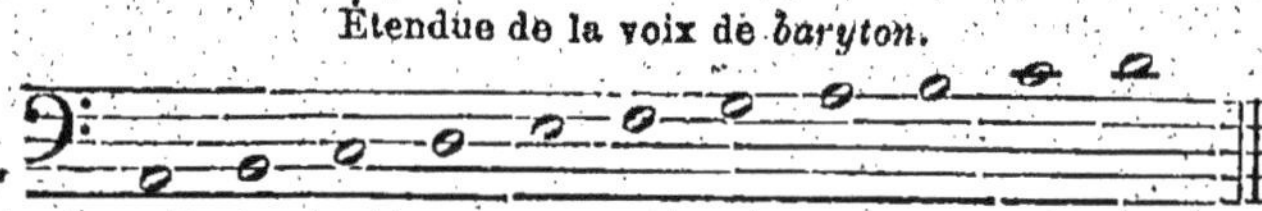

190. La *basse-taille* ou simplement basse est la voix
humaine la plus grave.

Étendue de la voix de *basse-taille*.

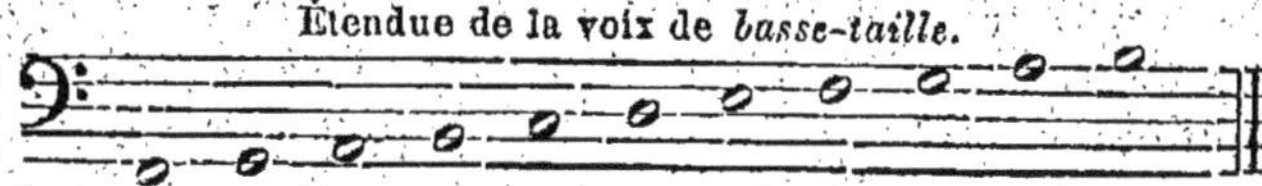

REMARQUE.

191. Cette classification des voix et leur échelonnement par tierces ne sont pas absolus : on trouve des voix
paresseuses qui n'ont pas toute l'étendue indiquée;
d'autres, au contraire, dont le diapason s'est accru, par
l'étude, de plusieurs notes au grave et à l'aigu. Mais dans
l'immense majorité des cas les choses se passent comme
nous venons de l'indiquer.

192. Les *sopranos*, *contraltos* et *ténors* ne se servent
guère plus aujourd'hui que de la clef de sol; et les ba-
rytons ainsi que les basses, de la clef de fa 4e ligne.

193. Les ténors dont l'échelle est à peu près celle des
sopranos, mais à l'octave inférieure de ces derniers, sont
donc notés une octave plus haut qu'ils ne chantent
réellement.

194. Une bonne voix est pure, étendue, douce et forte tout à la fois et d'un timbre agréable.

195. Une mauvaise voix est empâtée, aigre, voilée, faible, nasillarde, etc.

196. La voix varie suivant les âges, les sexes, les forces de l'individu et la capacité de sa poitrine.

197. Dans l'enfance la voix est faible, aiguë; vers l'âge de 15 ans a lieu chez l'homme la mue, cette transformation de l'organe vocal pendant laquelle l'enfant devient adulte. La voix est alors rauque et d'une émission plus ou moins pénible; après ce travail la voix a pris de la force et a baissé d'une octave ou d'une octave et demie, c'est-à-dire qu'ordinairement le premier dessus est devenu premier ténor, le deuxième dessus, deuxième ténor, et le contralto, basse ou baryton.

198. Pour ne point gêner le travail qui s'opère à l'époque de la mue, nous croyons nécessaire le repos de l'organe vocal pendant tout le temps que la nature met à accomplir son œuvre. La voix est d'ailleurs désagréable, fatigante et incertaine sur les octaves.

199. La voix fausse n'est pas, comme on le croit communément, le résultat d'une conformation vicieuse de l'oreille, mais bien des organes vocaux. Ceci nous explique le plaisir qu'éprouvent néanmoins à l'audition d'un morceau de musique certaines personnes incapables de chanter juste la moindre mélodie, et qui savent parfaitement aussi signaler la moindre infraction à la tonalité.

Ce n'est que par un exercice intelligent et soutenu de l'organe vocal que la voix peut acquérir tout le développement dont elle est susceptible.

20

TRANSPOSITION.

200. La *transposition* est l'exécution ou la notation d'un morceau dans un ton autre que celui dans lequel il avait été écrit.

Un changement d'octave ne constitue point une transposition dans le sens du mot.

201. Il y a deux manières de transposer : la première est dite transposition mentale ou à vue, et la deuxième, transposition écrite.

Transposition mentale.

202. Cette transposition s'opère par la substitution mentale d'une autre clef à celle déjà existante : ce qui change ainsi le nom des notes sans en changer graphiquement la place. Pour trouver la clef à intervenir, remarquez le barreau de la portée sur lequel se trouve la tonique que vous voulez remplacer ; donnez à cette ancienne tonique le nom de celle que vous voulez lui substituer ; à partir de cette note, parcourez alors les lignes et les interlignes de la portée, en assignant à chaque degré le nom de la note qu'il acquiert par le fait de cette nouvelle dénomination, et placez la clef d'ut sur celle des cinq lignes qui reçoit la note Do. Mais observez que si cette note tombe entre la 3ᵉ et la 4ᵉ ligne, vous aurez la clef de sol, et que si elle tombe entre la 2ᵉ et la 3ᵉ, ce sera celle de fa 4ᵉ ligne.

Nous ne parlons pas de cette dernière clef placée sur la 3ᵉ ligne, on sait qu'elle se confond avec la clef d'ut

5e ligne. Quant à l'armature, ce sera évidemment celle de la *tonique substituée.*

Vérifiez tout ceci sur les tableaux suivants.

GAMME D'UT ÉCRITE AVEC LA CLEF DE SOL
ET TRANSPOSÉE EN RÉ, EN MI, EN FA, ETC. PAR LA SUBSTITUTION MENTALE D'UNE AUTRE CLEF.

203.

Gamme d'ut.

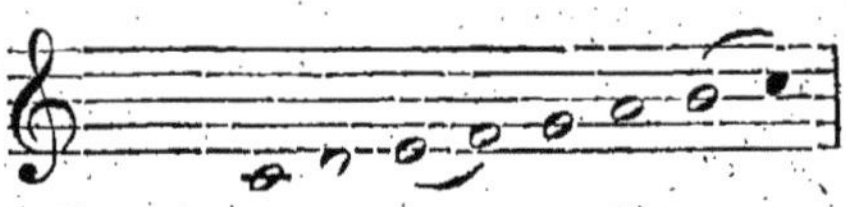

Elevée d'une seconde ou baissée d'une septième.

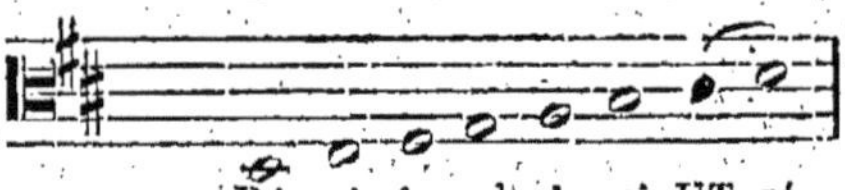

Ré, mi, fa, sol, la, si, UT, ré.

Elevée d'une tierce ou baissée d'une sixte.

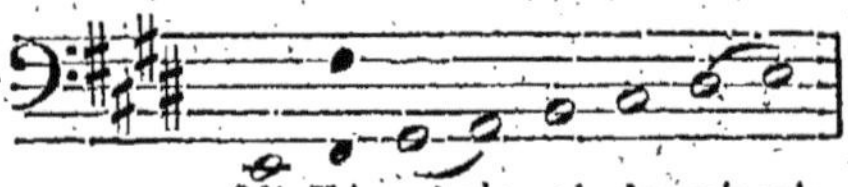

Mi, FA, sol, la, si, do, ré, mi.

Elevée d'une quarte ou baissée d'une quinte.

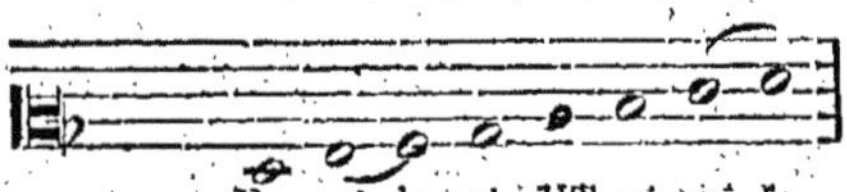

Fa, sol, la, si, UT, ré, mi, fa.

Elevée d'une quinte ou baissée d'une quarte.

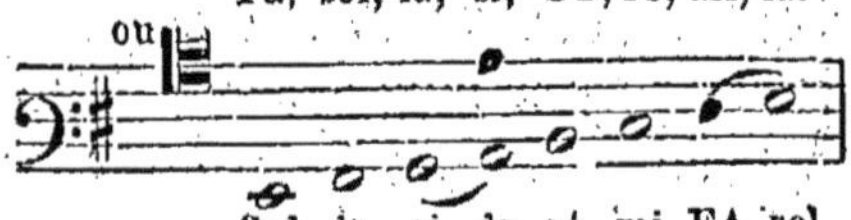

Sol, la, si, do, ré, mi, FA, sol.

Elevée d'une sixte ou baissée d'une tierce.

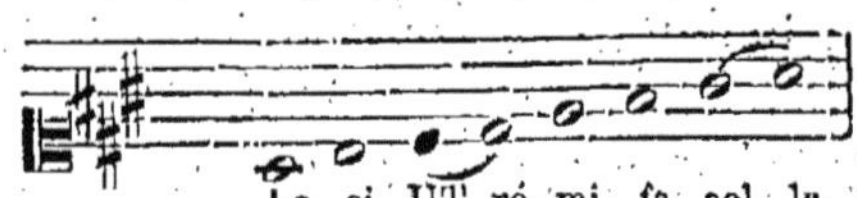

La, si, UT, ré, mi, fa, sol, la.

Elevée d'une septième ou baissée d'une seconde.

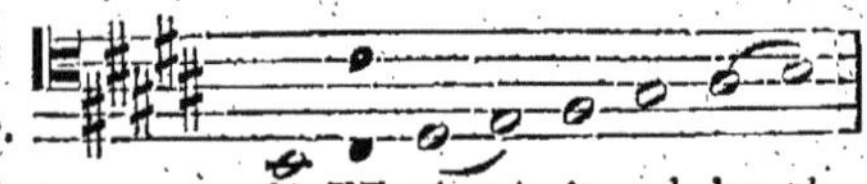

Si, UT, ré, mi, fa, sol, la, si.

204. On remarquera que, quelle que soit l'armature dont puisse être suivie la clef de sol, on aura toujours, ainsi que l'indique le tableau, la clef d'ut 3e ligne pour élever un morceau d'une seconde, la clef de fa 4e ligne pour

l'élever d'une tierce, etc.; l'armature seule change. Ainsi soit la gamme de ré à transposer dans le ton de sol, c'est-à-dire une quarte plus haut.

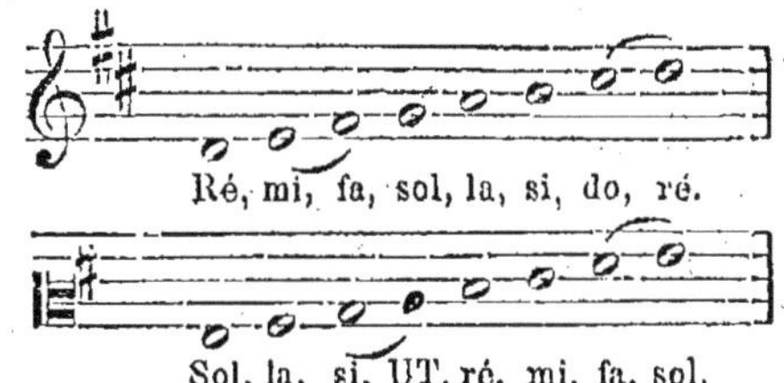

On aura
d'après ce qui précède :

GAMME D'UT ÉCRITE AVEC LA CLEF DE FA
ET TRANSPOSÉE EN RÉ, EN MI, EN FA, ETC., PAR LA SUBSTITUTION MENTALE D'UNE AUTRE CLEF.

205.

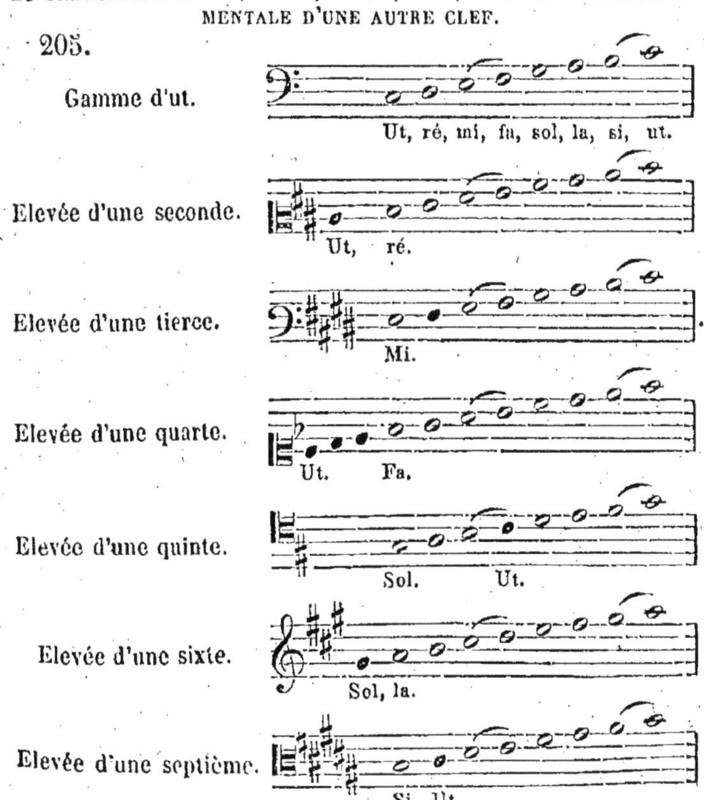

206. Par le moyen des diverses clefs, il est toujours possible de lire un morceau dans le ton d'ut, quelle que soit d'ailleurs l'armature. Pour cela on n'a qu'à substituer à la clef écrite une autre clef qui place *ut* sur l'ancienne tonique. Mais, comme on le conçoit, il n'y a de cette note et des autres que le nom qui change, car cet *ut* est pris à la hauteur de la tonique qu'il remplace. C'est ainsi que, pour les morceaux écrits en clef de sol, on obtiendra le tableau ci-dessous. Comme on le pense bien, cette espèce de transposition ne peut regarder des instruments qui accompagneraient un chant.

L'élève pourra chercher à former un tableau semblable pour les morceaux écrits avec la clef de fa 4ᵉ ligne.

RÈGLE GÉNÉRALE

POUR LIRE TOUTES LES CLEFS PAR LA CONNAISSANCE D'UNE SEULE.

207. Substituez par la pensée à la clef écrite et à son armature, d'abord la clef avec laquelle vous êtes familier, et ensuite l'armature qui doit l'accompagner lorsque la tonique est précisément à la place qu'elle occupe sur la clef dont vous voulez vous débarrasser. On n'a pas oublié que la note tonique majeure est tou-

jours un degré au-dessus du dernier ♯ ou sur l'avant-dernier ♭.

Soit, par exemple, à lire avec la clef de sol le passage suivant écrit en clef de fa 4ᵉ ligne, sans armature. Remarquez que la tonique *do* se trouve entre la 2ᵉ et la 3ᵉ ligne,

c'est-à-dire sur le *la* du médium de la clef de sol; mais observez encore qu'avec cette clef de sol et une armature de trois ♯ ou de quatre ♭, on a précisément la tonique à cette même place. Donc, il faut lire le passage ci-dessus comme ci-après, en prenant la ♮ ou la ♭ à la hauteur de l'ancienne tonique do, de la clef de fa abandonnée. On conçoit qu'il n'est point ici question d'octave.

D'après des observations analogues et avec l'unique clef de sol.

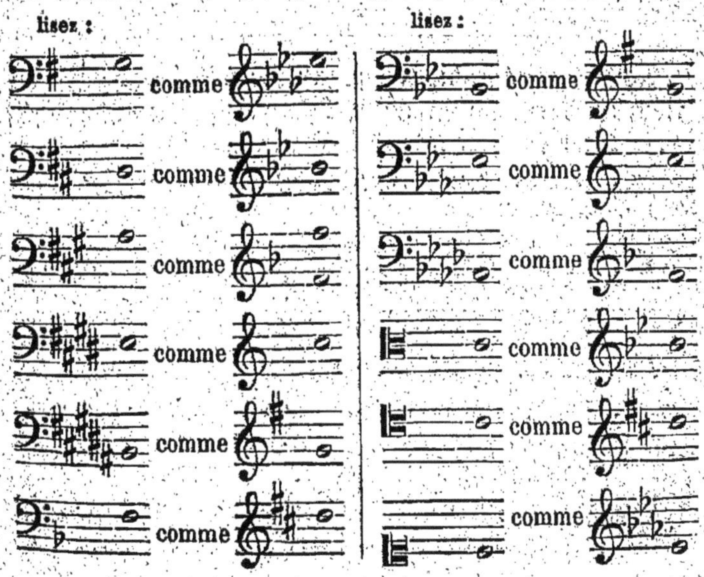

Transposition écrite.

208. La transposition écrite consiste à écrire réellement sur un autre degré de la portée musicale chacune des notes du morceau à transposer.

Les tableaux nᵒˢ 107 et 111 sont la transposition écrite de la gamme d'ut dans tous les tons majeurs.

Mais, soit encore le passage suivant à écrire en *sol,* en *la,* en *ré,* en *ut,* par exemple.

Pour la transposition en sol, le fa, tonique ancienne, va devenir *sol,* le sol ancien va devenir *la,* c'est-à-dire enfin que l'on devra écrire chaque note un degré plus haut, en ayant soin de placer en tête du morceau l'armature que comporte la nouvelle tonique ; ici c'est un dièze qui va remplacer le bémol.

Nous savons qu'un ♮, lorsqu'il détruit l'effet du ♭, devient un véritable ♯; aussi le voyons-nous se traduire par ce dernier signe dans ce passage transposé en sol. Enfin pour la transposition en la, en ré, en ut, nous aurions :

21

DES INSTRUMENTS TRANSPOSITEURS.

De leurs rapports réciproques d'accord et de diapason.
Exemple de Partition.

209. On appelle *instruments transpositeurs* ceux qui, tout en jouant fictivement dans un ton, exécutent réellement dans un autre.

Ainsi, un instrument sur lequel on monte la gamme naturelle d'ut majeur et qui fait entendre celle de mi ♭ majeur, est dit *instrument en mi♭*; il transpose constamment tout ce qu'il joue une tierce mineure au-dessus ou une sixte majeure en dessous. Il est clair alors qu'un autre instrument en ut qui devrait l'accompagner aurait constamment à transposer un ton et demi plus haut toute la musique à exécuter ensemble; par conséquent si l'instrument en mi ♭ joue en ut le passage suivant :

L'instrument en ut devra lire au moyen 1° de la transposition mentale, et sauf à se renfermer dans les octaves possibles :

2º Au moyen de la transposition écrite :

Mais si l'instrument en *ut* joue le passage dans le ton d'ut, l'instrument en *mi* ♭ lira au moyen

1º De la transposition mentale :

2º De la transposition écrite :

Mais soit maintenant, par exemple, une clarinette en mi ♭ et un cornet à pistons en si ♭ devant exécuter à l'unisson le même passage.

On remarque d'abord que, si du si ♭, ton du cornet à pistons, on remonte jusqu'au mi ♭, on trouve un intervalle de quarte juste pour différence du ton *de facture* des deux instruments ; par conséquent la clarinette étant :

UNE QUARTE PLUS HAUT

jouera toujours

UNE QUARTE PLUS BAS

que le cornet à pistons ;

par conséquent si ce dernier instrument, avec son ton de rechange si ♭, exécute le passage en ut :

la clarinette devra, pour jouer à l'unisson, exécuter :

1° Par la transposition mentale :

2° Par la transposition écrite :

Mais on conçoit que si la clarinette joue le passage en ut et que ce soit par conséquent au cornet à transposer, il faille tenir un raisonnement tout-à-fait analogue à celui qui précède, en renversant les termes. Le cornet étant

UNE QUARTE PLUS BAS,

devra jouer

UNE QUARTE PLUS HAUT,

que la clarinette,

1° Par la transposition mentale :

2° Par la transposition écrite :

Ainsi qu'on le voit, c'est par la connaissance du *ton de facture* des instruments que l'on établit à l'instant leurs tonalités réciproques.

EXEMPLE DE PARTITION INSTRUMENTALE

POUR L'EXÉCUTION D'UN PASSAGE
A L'UNISSON PAR DES INSTRUMENTS DE TONS DIFFÉRENTS.

210.

214. *Adagio.* **Début d'une partition de Gluck.**

22

NOTATION MUSICALE EN CHIFFRES.

212. Ce fut en 1677 que le P. Souhaitty, jésuite, fit connaître pour la première fois un système de notation au moyen des sept premiers chiffres arabes. Plus tard, en 1742, J. J. Rousseau exposa un semblable système qui fut froidement accueilli alors et n'eut aucun succès; repris de nos jours par P. Galin, et vigoureusement soutenu par MM. Chevé et Paris, il a pu obtenir une certaine vogue.

Toutefois, pour donner une appréciation éclairée et franchement impartiale de cette méthode, nous ne croyons mieux faire que de consigner ici l'appréciation personnelle des auteurs eux-mêmes, ainsi que celle des notabilités musicales de notre époque.

213. « La seule objection, dit J. J. Rousseau dans ses *Con-* « *fessions* (seconde partie, liv. VII), la seule objection solide « qu'il y eût à faire à mon système, fut faite par Rameau. « A peine le lui eus-je expliqué, qu'il en vit le côté faible. » —
— « Vos signes, dit-il, sont très-bons en ce qu'ils repré- « sentent nettement les intervalles et montrent toujours le « simple dans le redoublé; mais ils sont mauvais en ce qu'ils « exigent, pour chaque intervalle, une opération de l'esprit « qui ne peut suivre la rapidité de l'exécution. La position de « nos notes se peint à l'œil sans le concours de cette opéra- « tion. Si deux notes, l'une très-haute, l'autre très-basse, sont « jointes par une tirade de notes intermédiaires, je vois du « premier coup-d'œil que l'une est jointe à l'autre par degrés « conjoints; mais pour m'assurer chez vous de cette tirade, « il faut nécessairement que j'épelle tous vos chiffres l'un

« après l'autre; le coup d'œil ne peut suppléer à rien. » —
« L'objection me parut sans réplique, et j'en convins à l'ins-
« tant. Quoiqu'elle soit simple et frappante, il n'y a qu'une
« grande pratique de l'art qui puisse la suggérer, et il n'est
« pas étonnant qu'elle ne soit venue à aucun académicien;
« mais il l'est que tous ces grands savants, qui savent tant de
« choses, sachent si peu que chacun ne devrait juger que de
« son métier.

Après Rousseau vient Galin, qui déclare ne point prétendre,
comme l'auteur de la méthode, substituer ce genre de notation à l'écriture vulgaire. « Au surplus, ajoute Galin, si
« l'on voulait rendre usuelle la notation par chiffres, il fau-
« drait faire de notables améliorations aux principes de
« J. J. Rousseau. On ne pourrait pas, par exemple, *ne noter*
« *qu'en ut*, comme il l'entendait... et quoi qu'il en ai dit, la
« transposition n'est point facile sur les chiffres, même de la
« voix; l'œil a une peine extrême à voir un chiffre dans un
« autre; au lieu que sur les portées, à cause de la similitude
« de disposition des notes sur les diverses clefs, la transposi-
« tion est aisée, quand on s'est accoutumé à ne dénommer les
« notes sur les barreaux que par leurs intervalles respectifs. »

Ecoutez maintenant M. Aimé Lemoine, élève de Galin et
apôtre de sa méthode : « L'usage du chiffre, dit-il, n'a ja-
« mais été, dans les idées de Galin, mon maître, non plus
« que dans les miennes, autre chose qu'un moyen particulier
« d'étude, un utile auxiliaire, *surtout au début*, où la netteté,
« la clarté et la précision des signes sont d'une si grande im-
« portance pour l'élève... A mesure, en effet, qu'on avancera
« dans l'étude et que les opérations de lecture se complique-
« ront en raison même de la multiplicité des signes du
« temps plus bref et de la rapidité plus grande des mouve-
« ments dans lesquels doivent se faire ces opérations, *la su-*
« *périorité de l'écriture usuelle ira toujours se manifestant de*
« *plus en plus : c'est que l'œil alors ne voit plus dans les groupes*
« *de notes des signes individuels, mais des figures, des mots en-*
« *fin qu'il reconnaît et qu'il saisit rapidement.* »

M. Juë, qui a enseigné cette méthode pendant douze ans,
nous dit : « Les chiffres tournent la difficulté sans la renver-
« ser, ils font ressortir les inconvénients du système reçu,
« mais ils n'enseignent point à s'en accommoder : et c'est

« pourtant là qu'est la question, puisqu'il est *impossible* de s'
« soustraire, quelque habile qu'on soit d'ailleurs. »

M. Chevé avoue que la notation par chiffres est *absolument
mauvaise* pour presque toute la musique instrumentale :...
que la notation usuelle est un *affreux grimoire*, tout en avouant
qu'il y aurait *peu de chose* à faire pour la *rendre excellente*.

L'immense majorité des musiciens ou amateurs de notre
époque n'est pas plus favorable au chiffre. Ecoutez M. Oscar
Commettant : « On assure, il est vrai, nous dit-il, et je
« l'admets bien volontiers, que les chiffres offrent une éco-
« nomie de temps dans l'enseignement de la musique vocale
« appliqué aux personnes qui veulent simplement arriver à
« déchiffrer une partie dans un chœur facile, et se condam-
« nent à ne rien comprendre à la musique instrumentale. Est-
« ce bien là un progrès ? J'avoue, si c'en est un, qu'il me laisse
« aussi froid que me laisserait l'invention d'un alphabet qui,
« en moins de temps qu'il n'en faut pour apprendre à lire par
« le moyen de nos lettres, mettrait les ignorants à même de
« lire deux cents mots, par exemple, mais deux cents mots
« seulement. Le système des chiffres est anti-musical, et il se-
« rait, en vérité, superflu d'insister sur ce point vis-à-vis de
« tous ceux qui joignent à la pratique musicale quelque bon
« sens et la moindre impartialité. »

Nous ajouterons qu'Auber, Carafa, Clapisson, Ermel, Fou-
cher, Gide, Gounod, Halévy, Jomard, le général Mellinet,
Monnais, Niedermeyer, Rodrigues, Ambroise Thomas, Var-
collier, Berlioz, Dietsch, Georges Kastner, d'Ortigue, Bazin,
Pasdeloup, se sont formellement déclarés contre la méthode du
chiffre dans une brochure imprimée en 1860 sous le titre :
*Observations de quelques musiciens et de quelques amateurs sur
la méthode de musique, par M. le docteur Chevé*. Nous ren-
voyons à cette brochure ceux qui ne seraient pas encore con-
vaincus de l'insuffisance radicale de cette nouvelle notation.

Toutefois nous déclarons respecter sincèrement toute con-
viction contraire, et nous prions nos adversaires d'en voir un
témoignage dans l'exposé que nous allons faire des principes
de cette méthode.

EXPOSÉ

DE LA NOTATION MUSICALE EN CHIFFRES.

—

214. L'intonation des sept sons de la gamme ordinaire *do, ré, mi, fa, sol, la, si,* est représentée, pour les voix aiguës et pour les voix graves, par les chiffres | 2 3 4 5 6 7. Ainsi, pour les voix de femme ou d'enfant, ces chiffres signifient :

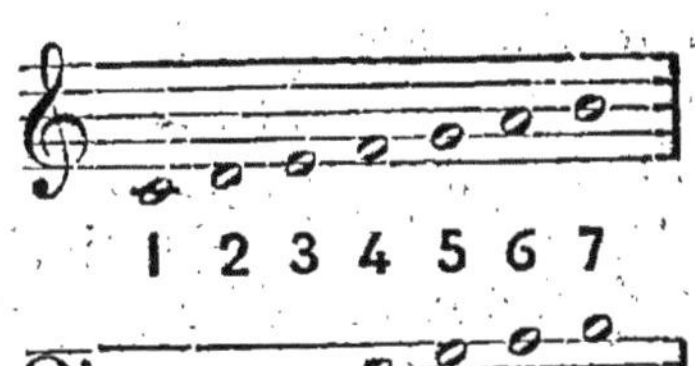

Et pour les voix d'hommes :

215. Mais comme l'étendue des voix dépasse au grave et à l'aigu cette série de sept notes en reproduisant une partie de la gamme précédente ou de la gamme suivante, on représente ces sons complémentaires en faisant de nouveau usage des mêmes chiffres | 2 3, etc., mais pointés alors en dessus (i 2̇ 3̇ 4̇, etc.), pour les sons aigus et en dessous (| 2̣ 3̣ 4̣, etc.), pour les sons graves.

216. Ainsi, l'étendue du premier soprano que nous donnons n° 183,

sera représentée par   2 3 4 5 6 7 i 2̇ 3̇ 4̇ 5̇ 6̇ 7̇,

celle du second par   7 | 2 3 4 5 6 7 i 2̇ 3̇

le contralto par   5̣ 6̣ 7̣ | 2 3 4 5 6 7 i

Le 1er ténor par 3 4 5 6 7 i̇ 2̇ 3̇ 4 5̇ 6̇

le 2e ténor par i 2 3 4 5 6 7 i̇ 2̇ 3̇ 4

le baryton par 6̣ 7̣ i 2 3 4 5 6 7 i̇ 2̇

et la basse-taille par 4̣ 5̣ 6̣ 7̣ i 2 3 4 5 6 7

Mesure. — Signes de durée.

217. Dans la musique en chiffres on n'indique pas en tête du morceau, comme dans la notation usuelle, le nombre de temps renfermés entre deux barres de mesure. Mais, pour reconnaître à l'instant ce nombre, on n'a qu'à observer une mesure quelconque de la pièce de chant, on trouvera toujours autant de groupes de chiffres que la mesure renferme de temps.

218. Ainsi, tout signe isolé, qu'il soit signe d'articulation comme le chiffre, signe de prolongation comme le point • (que l'on place à la suite du chiffre), signe de silence comme le o : *tout signe isolé représente l'unité de temps.*

219. Quand cette unité de temps est composée de plusieurs signes, d'articulation, de prolongation ou de silence, elle est indiquée alors par un groupe surmonté d'un trait horizontal, si ce sont des croches; d'un double-trait, si ce sont des doubles-croches, etc., ou des silences de ces valeurs.

Mais la traduction en chiffres de la pièce suivante va nous servir d'exemple en même temps que d'exercice de lecture.

DIVISION BINAIRE.

110. || i • • • || i • 7 • | 6 6 6 6 | 5 0 0 0 | 0 0 0 0 |

220. Ainsi l'unité de mesure est représentée par un seul signe; les moitiés de cette unité sont représentées par deux signes surmontés d'un trait simple, $\overline{1}\overline{1},\overline{\bullet\bullet},\overline{0}\overline{0}$; les moitiés de ces moitiés, les quarts, par l'addition au trait simple d'un trait général qui, en recouvrant les quatre quarts de cette manière :

$$\overline{\overline{1111}},\ \overline{\overline{\bullet\bullet\bullet\bullet}},\ \overline{\overline{0000}}$$

indique que là se trouvent toutes les parties et rien que les parties d'un seul temps.

Tout ce que nous venons de dire sur la division binaire s'applique exactement par analogie à la division ternaire.

221. Ainsi l'unité de mesure, la noire pointée ♩. , est encore représentée par un seul signe; les tiers de cette unité par trois signes surmontés d'un trait simple Ⅰ Ⅰ Ⅰ Ⅰ Ⅰ Ⅰ, ••• •••, ooo ooo; les moitiés de ces tiers, les sixièmes, par l'addition au trait simple d'un trait général qui, en recouvrant les six sixièmes, les indique comme formant l'unité de temps. Exemple :

Ⅰ Ⅰ Ⅰ Ⅰ Ⅰ Ⅰ   ••••••   oooooo

Au surplus, nous allons, comme pour la division binaire, traduire diverses valeurs de la division ternaire pour servir de développement à ce qui precède.

DIVISION TERNAIRE.

TRADUCTION EN CHIFFRES DE DIVERSES VALEURS DE LA NOTATION
USUELLE.

Diéze. — Bémol.

222. Une note diézée se marque par un trait oblique qui coupe le chiffre de *droite à gauche* :

$$+ \; 2 \; 3 \; 4 \; 5 \; 6 \; 7$$

223. Une note bémolisée se marque par un trait oblique qui coupe le chiffre de *gauche à droite* :

$$+ \; 2 \; 3 \; 4 \; 5 \; 6 \; 7$$

224. *Il n'y a que les notes ainsi coupées, et jamais d'autres, que l'on doive altérer en chantant.*

Gammes majeures, mineures.

225. Nous avons vu que la notation usuelle écrit, au moyen des dièzes et des bémols, les deux gammes types d'ut majeur et de la mineur sur l'un des douze demi-tons de l'échelle.

226. La notation en chiffres n'écrit toujours que la gamme type d'ut majeur 1 2 3 4 5 6 7 1, pour toutes les gammes majeures, et celle de la mineur 6 7 1 2 3 4 5 6, pour toutes les gammes mineures, à la faveur de ce principe qui établit que ces sept chiffres ne représentent que des rapports d'intervalles entre un premier son, la tonique, pris à une intonation quelconque, et d'autres sons appelés ré, mi, fa, sol, etc. Par conséquent ce ne sont plus des sons absolus provenant d'un nombre fixe de vibrations, et dont chacun corresponde, par exemple sur le piano, à une même touche, comme dans la notation ordinaire.

227. Donc pour chanter la gamme de ré, de mi, de fa, etc., il suffit de chanter 1 2 3 4 5 6 7 1, en prenant do à la hauteur de ré, de mi, de fa, etc. La perfection de notre organe nous le permet; mais s'il s'agit d'un instrument, la chose n'est plus possible qu'avec un ton de rechange pour chaque intonation : on sait que le système de clavier transpositeur réalise ces conditions.

228. Puisque toutes les tonalités majeures sont écrites en ut majeur, et toutes les tonalités mineures en la mineur, on ne trouve donc jamais d'armature, mais seulement les notes accidentellement altérées dans le cours du morceau.

229. Pour indiquer la tonalité dans laquelle doit être exécutée une pièce de chant, on écrit en tête du morceau deux chiffres, l'un sur l'autre $\left(\begin{smallmatrix}1\\1\end{smallmatrix}\right)$, qui indiquent

ainsi les deux notes extrêmes qu'atteint le morceau et lesquelles il s'agit de renfermer dans l'étendue de l'espèce de voix à laquelle est destinée la pièce, en prenant la tonique au degré convenable. Au surplus, on indique ordinairement ce ton en toutes lettres.

Ainsi on trouvera, par exemple : $\left(\dfrac{5}{1}\right)$ Ton d'ut.

Soprano.

Cela indique que le morceau s'étend de *do* à *sol*,

et que pour la voix de soprano, il convient de le chanter dans le ton d'ut.

Si l'on trouve $\left(\dfrac{\ddot{1}}{3}\right)$ Ton de la ♭.

Soprano.

Cela indique une étendue de *mi* à *do* suraigu :

et comme l'on ne doit guère dépasser sol ♯ ou la ♭ à l'aigu, il sera nécessaire, pour une voix de soprano, de descendre le morceau de deux tons pour avoir à le chanter de *do* à *la* ♭ :

On raisonnerait d'un manière analogue si l'on trouvait un morceau qui descendît trop bas, par exemple : $\left(\dfrac{\dot{2}}{5}\right)$

il conviendrait dans ce cas de donner au sol grave l'intonation de l'*ut* : ce qui mettrait le morceau en *fa*, puisqu'on le monterait d'une quarte juste en prenant alors do à la hauteur de fa.

230. Pour faciliter l'étude des intonations, M. Chevé appelle

les notes diézées   ɬ   2   3   4   5   6   7.

des noms   Tè,   rè,   mè,   fè,   gè,   lè,   sè.

qui remplacent   do♯, ré♯, mi♯, fa♯, sol,♯ la♯, si♯.

les notes bémolisées   ɬ   2   3   4   5   6   7.

des noms   Teu, reu, meu, feu, jeu, leu, seu.

qui remplacent   do♭, ré♭, mi♭, fa♭, sol♭, la♭, si♭.

Ces dénominations sont également usitées au commencement d'une pièce de chant pour désigner le ton dans lequel elle doit être exécutée.

Diverses Mélodies en chiffres.

112.

Ton de sol. ‖ 0 5̣ | 1 1 | 2 2 | 3 2 | 1 2 | 3 3 | 4 3 | 2 2 |

‖ 0 5 | 5 3 | 3 1 | 1 6̣ | 6̣ 1 | 7̣ 1 | 2 3 | 1 1 ‖

113.

Ton de si ♭ ou seu. ‖ 0 0 5̣ | 1 1 3 | 2 2 4 | 7̣ 7̣ 2 | 1 . 5̣ |

‖ 1 1 3 | 2 2 4 | 7̣ 7̣ 2 | 1 . 3 | 2 5̣ 3 | 2 5̣ 3 |

‖ 2 4 3 | 2 . 5̣ | 1 1 3 | 5 5 3 | 2 2̄1̄ 2̄3̄ | 1 . ‖

114.

Fa. ‖ 0 0 0̄5̣ | 1̄3 5 5 | 6 5 4 | 3̄2 1 3 | 2 2 0̄5̣ |

‖ 1̄3 5 5 | 6 5 4 | 3̄2 1 3 | 2 2 0̄1 | 4̄4 2 7̣ | 1̄3 5 1̇ |

‖ 5̄4 3 2 | 3 3 0̄5̣ | 4̄4 2 7̣ | 1̄3 5 1̇ | 5̄4 3 2 | 1 1 0 ‖

115.

Sol. ‖ 1 3 | 5 0 | 5̄4 3̄2 | 1 0 | 2̄2 7̄5̣ | 5̄5 3̄1 |

‖ 2̄2 7̄5̣ | 5̄5 3̄1 | 1̄2 3̄4 | 5 0 | 5̄4 3̄2 | 1 0 ‖

116.

Ut. ‖ 5 1̇ 6 | 5 . 3 | 2 5 4 | 4 . 3 | 5 1̇ 6 |

‖ 2̇ 7̄ 5̄6 | 7 . 6 | 5 0 0 | 2̇ 3̇ 2̇ | 1̇ . 5 | 4 6 5̄4 |

‖ 4 . 3 | 1̇ 7 1̇ | 6 . 2 | 2̇ 1̇ 7 | 1 . 0 ‖

Traduction de la page précédente.

23

DIVERSES COMBINAISONS DE VALEURS.

Solfége en notation ordinaire.

123.
1.
2.
3.
4.
5.
6.
7.
8.
9.
10.
11.
12.

124.
1.
2.
3.
4.
5.
6.
7.
8.
9.
10.
11.
12.

LE POLYCORDE.

24

SONNERIES RÉGLEMENTAIRES DE L'INFANTERIE.

La Générale.

L'Assemblée.

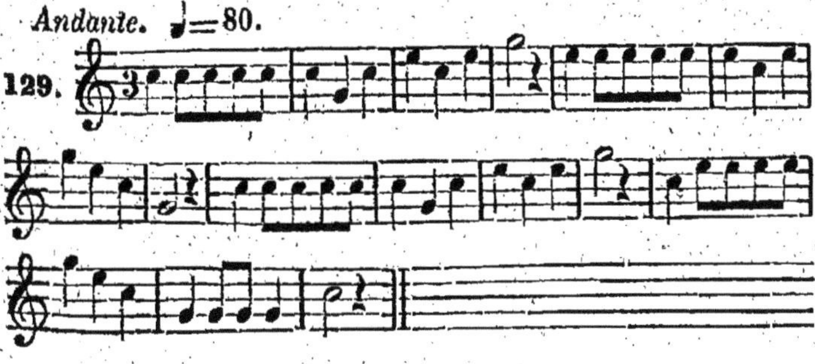

Le Rappel.

Le Ban.

Presto ♩=76.

131.

Au Drapeau.

Andante. ♩=80.

132.

D. C

Aux Champs.

Maestoso. ♩=76.

133.

Le pas accéléré.

Allegro. ♩=110.

134.

Le pas de charge.

Allegro. ♩=115.

Pas gymnastique.

Allegro. ♩=165.

Le Réveil.

Allegro. ♩=110.

137.

D. C.

Le Rappel aux clairons.

Presto. ♩=160.

138.

La Retraite.

Andante. ♩=76.

139.

Voyez
p. 90.

Visite du docteur.

Allegro. ♩=110.

140.

La Messe.

Andante. ♩=80.

141.

La Berloque.

Allegro. ♩=120.

142.

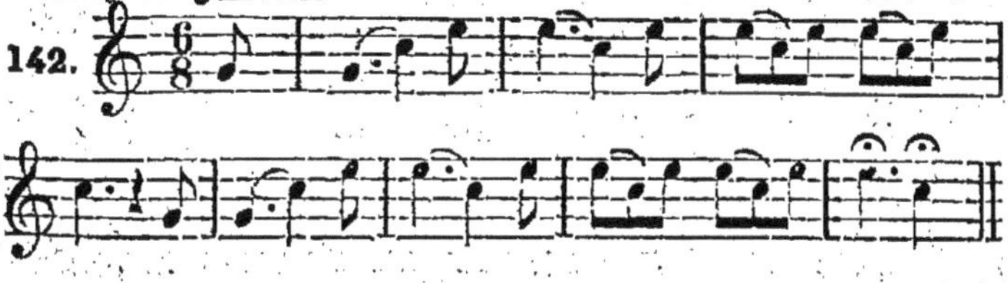

La Soupe.

Allegro. ♩=110.

143.

L'Appel.

Allegro. ♩=120.

144.

L'École.

Allegro. ♩=110.

145.

La Retraite.

Allegro.

146.

Extinction des feux.

Allegro. $\quad \flat = 76.$

147.

A l'Ordre.

148.

SONNERIES DE MANŒUVRE.

Garde à vous.

Allegro. ♩ = 120.

149.

Marche des Chasseurs.

Allegro. ♩ = 110.

150.

CARABINIERS.

Sonneries des grosses carabines.

151.

Bayonnette au canon.

152.

Remettre la bayonnette.

Andante. ♩ = 80.

153.

Pas de course.

Presto. ♩ = 160.

154.

9

Pas gymnastique.

Allegro. ♩=165.

155.

D. C.

Déployer en tirailleurs.

Allegro. ♩=110.

156.

Marcher en avant.

Presto ♩=160.

157.

D. C.

Marcher en retraite.

Allegro. ♩=76.

158.

Marcher par le flanc droit.

Presto. ♩=160.

159.

Marcher par le flanc gauche.

Presto. ♩=160.

160.

Halte.

Presto. ♩=160.

161.

Commencer le feu.

Presto. ♩=160.

162.

Cesser le feu.

Maestoso. ♩=50.

163.

Changer de direction à droite.

Allegro. ♩=110.

164.

Changer de direction à gauche.

Allegro. ♩=110.

165.

Couchez-vous.

Moderato. ♩=50.

166.

Levez-vous.

Moderato. ♩ = 50.

167.

Ralliement par quatre.

Allegro. ♩ = 130.

168.

Ralliement sur les centres.

Presto. ♩ = 130.

169.

Ralliement sur la réserve.

Andante. ♩ = 76.

170.

Ralliement sur le bataillon.

Andante. ♩ = 76.

171.

Rassemblement sur le bataillon.

Andante. ♩ = 80.

172.

Allegro. ♩=100. **Pas accéléré.**

25

LEÇONS EMPRUNTÉES AUX GRANDS MAITRES,

174.

175.

176.

CANON A 3 PARTIES (1).

(1) Voyez la manière de chanter les Canons, n° 280, chap. 33.

LE POLYCORDE.

179.

Andante.
180.

181.

Moderato.
182.
183.

184.

185.
A
B
C

Andante.

186.

Moderato.

187.

A   B

188.

C

LE POLYCORDE.

Andante.
190.
1re fois.
2e fois.
1re fois.
2e fois.
A
B
C
191.
D

Moderato.

192.

1re fois.
2e fois.
Andante.
193.

194.

Allegro.
A
195.
B

FUGUE A TROIS PARTIES.

tr
tr

196.
A
B
C
197.
A
B
G

A *Tempo di marcia.*

198.

26

ABRÉGÉ DES PRINCIPES DU CHANT GRÉGORIEN OU PLAIN-CHANT.

Du Plain-Chant, de son origine, Tableau des huit tons du Plain-Chant.

231. Le Plain-Chant est un genre de musique en usage dans l'Église catholique. C'est un reste bien défiguré, mais précieux encore, de l'ancienne musique grecque; c'est du plain-chant que nous vient la musique moderne.

232. Les chants chrétiens de la primitive Eglise étaient une espèce de psalmodie dépourvue de tout rhythme, et dont l'étendue était généralement renfermée dans celle de la quarte, ou tout au plus de la quinte; tel est, par exemple, le chant de la *Préface*, du *Pater*, mélodies qui paraissent remonter à l'origine même du Christianisme. S. Athanase aurait été le premier Évêque qui en aurait introduit l'usage dans l'Église d'Alexandrie.

233. Au IVe siècle, S. Ambroise (1), évêque de Milan, enrichit les chants sacrés des quatre modes grecs que nous appelons *authentiques*. Mais le commencement du

____

(1) S. Ambroise, fils d'un préfet des Gaules, naquit l'an 340, fut nommé à l'évêché de Milan, en 374, au milieu des acclamations de la multitude; fut aussi célèbre par ses talents que par ses vertus, et mourut en 397.

vne siècle vit constituer définitivement par S. Grégoire (1) le plain-chant ou chant grégorien, par l'addition que fit ce Pape de quatre autres tons grecs, dits *plagaux*, aux quatre tons authentiques de S. Ambroise.

234. C'est à Charlemagne qu'est due, en France, la substitution de la liturgie romaine ou grégorienne à l'ancienne liturgie gallicane. On connaît tous les efforts de ce grand prince pour propager le chant dans toutes les écoles de son vaste empire.

Le roi Robert composa plus tard le chant de plusieurs antiennes d'après la nouvelle liturgie.

---

(1) S. Grégoire le Grand, né à Rome vers l'an 540, fut élu pape en 590, mourut en 604.

Il était préteur de Rome, puis il avait embrassé la vie monastique, mais son illustre naissance, sa grande piété, ses grands talents l'élevèrent sur le trône pontifical; il conclut un traité avec les farouches Lombards, qui occupaient alors l'Italie, et fit observer par tout le clergé la plus sévère discipline, en même temps qu'il travailla avec beaucoup de zèle à l'abolition de l'esclavage.

La Grande-Bretagne et les Goths ariens lui doivent leur conversion.

Tableau synoptique des huit tons du Plain-Chant, ou Chant Grégorien.

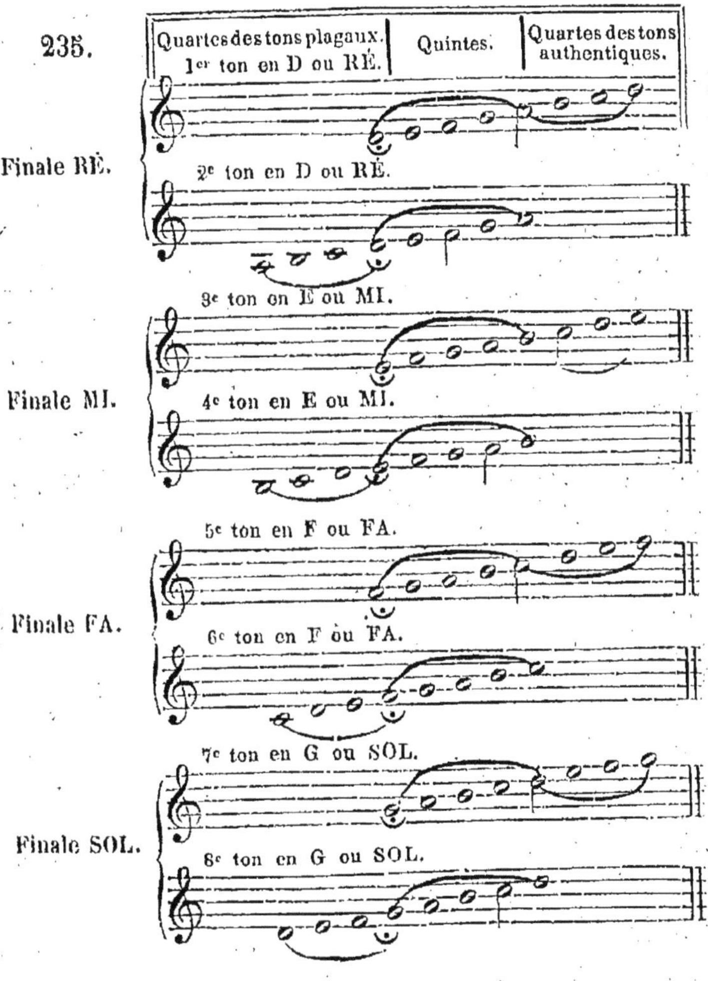

REMARQUES.

236. Le tableau précédent nous donne lieu de remarquer :

1° Que dans le plain-chant, comme dans la musique,

la gamme se compose de huit notes, renfermant aussi cinq tons et deux demi-tons, l'un de *mi* à *fa*, et l'autre *théoriquement* placé entre le *si* et l'*ut*. Toutefois ce dernier demi-ton se trouve fréquemment, dans le 5⁰ et le 6⁰ mode surtout, entre le *la* et le *si* bémolisé alors pour détruire le mauvais effet du triton par *fa si* ♮ que la tonalité grégorienne repousse comme un *diabolus in musicâ*.

2⁰ Que chacune de ces gammes est formée d'une quinte et d'une quarte justes.

3⁰ Que dans les tons impairs 1, 3, 5, 7, la quinte occupe la partie inférieure de l'octave : ce sont les tons que l'on appelle *authentiques;* dans les tons pairs, 2, 4, 6, 8, la quinte occupe la partie supérieure : ce sont les tons que l'on appelle *plagaux*.

4⁰ Que dans les huit modes du plain-chant la note grave de la quinte est toujours la note finale, c'est-à-dire la note qui termine la pièce de chant composée dans ce mode, et que cette finale est la même par conséquent pour le 1ᵉʳ et le 2ᵉ mode, pour le 3ᵉ et le 4ᵉ, etc.

5⁰ Que les tons authentiques montent d'une quarte au-dessus des tons plagaux, et réciproquement que ces derniers descendent d'une quarte au-dessous des premiers.

6⁰ Que la dominante, c'est-à-dire la note qui domine généralement dans le mode, et indiquée dans le tableau par une *blanche*, se trouve, dans les tons impairs, à la quinte au-dessus de la finale; et dans les tons pairs, sur la tierce au-dessous de la dominante du ton authentique précédent. Cependant la note variable *si* ne reçoit pas la dominante, elle la rejette sur l'*ut* dans le 3ᵉ et le 8ᵉ mode.

7⁰ Que le 8ᵉ mode diffère du 1ᵉʳ par la place qu'occupe sa quinte, et par conséquent par sa finale, qui est *sol*, et par sa dominante, qui est *ut*, bien que leur échelle soit la même.

8⁰ Que la place des demi-tons dans les gammes du plain-chant établit, ainsi que les finales, une tonalité essentiellement différente de celle de notre musique moderne. Ajoutons toutefois que beaucoup de formules mélodiques sont communes à l'un et à l'autre.

27

SYSTÈME DE GUY D'AREZZO.

237. Les Grecs se servaient des lettres de leur alphabet, α, β, γ, etc., diversement combinées pour écrire leur musique. Aux lettres de l'alphabet grec, les Romains substituèrent celles du leur, A, B, C, D, E, F, G. Ce mode de notation, adopté par S. Ambroise, et plus tard par S. Grégoire, fut en usage jusque vers l'an 1023, époque où le savant moine bénédictin Guy d'Arezzo fit faire à l'art un pas immense, en remplaçant les lettres de l'alphabet par des lignes horizontales sur lesquelles et entre lesquelles il plaça des points noirs, ayant tous en durée une valeur égale.

238. Ce fut ensuite la première strophe de l'hymne de S. Jean-Baptiste qui lui fournit le nom de ces points, en les désignant du nom de la première syllabe de chaque vers, *ut, ré, mi, fa, sol, la,* syllabes qui remplacèrent les lettres C, D, E, F, G, A, de cette gamme qu'il

(ut, ré, mi, fa sol, la)

nous avait déjà donnée (1).

---

(1) Guy d'Arezzo, antérieurement à son système de notation, s'était servi du gamma Γ des Grecs pour désigner la corde, la note

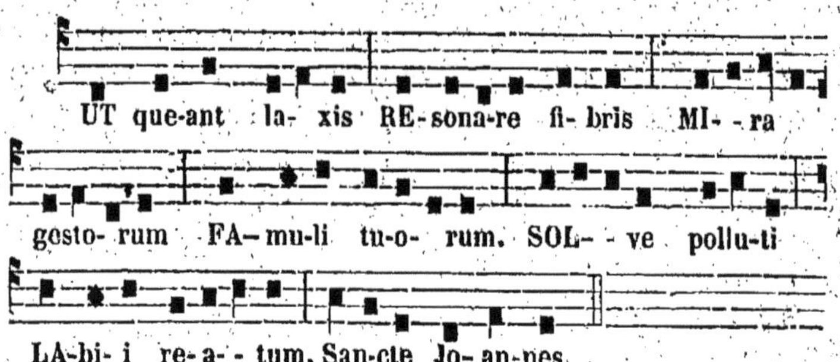

On peut remarquer dans cette hymne que UT se trouve au-dessous de la première ligne; RÉ, sur la première ligne, etc.

239. Quant à la note SI, représentée par B, elle ne fut introduite que très-tard, par le Hollandais *Ericius Puteanus*, qui la forma des initiales *Sancte Joannes*; précédemment on la remplaçait par certaines combinaisons appelées *muances*, et qui consistaient à répéter certaines notes, comme par exemple :

Muance :   RÉ, MI, FA, dans le cas de si ♮.

UT, RÉ, MI, FA, SOL, la, si, ut.

Muance :   MI, FA, SOL, dans le cas de si ♭.

240. Comme on le voit, cette note SI fut de deux sortes.

Dans le cas où elle se trouvait éloignée d'un ton entier du LA, la dureté de son intonation la fit appeler de son

---

qu'il ajouta au tétracorde grave, et par laquelle on commença alors l'échelle, ce qui nous donna :

Γ, A, B, C, D, E, F, G.
sol, la, si, ut, ré, mi, fa, sol.

Le gamma situé au bas de l'échelle donna son nom à la série, la GAMME : d'où l'origine de ce mot.

ancienne lettre b, à laquelle on donne alors la forme *quarrée* ♮, et nous eûmes le b *quarré*, le bécarre.

241. Mais quand le SI ne se trouvait qu'à un demi-ton du LA, comme il est alors plus doux, plus *mou*, on ajoutait à la lettre b, qui le désignait déjà, le mot *mol*; d'où SI ♭, c'est-à-dire SI SI mol, simple pléonasme dans ce cas, mais absurdité complète dans le cas d'une autre note bémolisée.

242. Dès l'adoption de cette septième note, la gamme d'*ut* devint la gamme principale. Ce fut là l'origine de notre tonalité moderne, dont les progrès nous rendent de plus en plus étranges à l'oreille les anciennes formules mélodiques du plain-chant.

Dès ce moment aussi, la musique et le plain-chant furent deux.

28

DE LA PORTÉE, DES NOTES, DE LA BARRE, DES CLEFS.

De la Portée.

243. Le plain-chant s'écrit comme la musique sur une portée, mais de quatre lignes seulement, toute pièce de cet antique chant étant renfermée dans l'étendue d'une octave ou tout au plus d'une dixième. Au reste, la ligne additionnelle ou complémentaire est aussi en usage.

Portée. 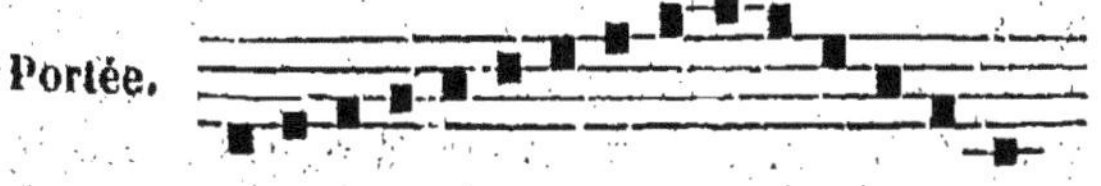

Des Notes.

244. Les figures de notes employées dans les diverses notations en plain-chant sont :

la double queutée

la double carrée

la carrée queutée

la carrée simple

la brève

la demi-brève

Valeurs des notes de plain-chant comparées à celles de la musique.

REMARQUE.

245. Dans le rit romain, la carrée queutée, la carrée simple et la brève sont seules admises dans la notation du chant grégorien ; les autres notes n'appartiennent qu'au plain-chant musical moderne, et servent à la traduction de la notation musicale en celle du plain-chant.

De la Barre.

246. Le plain-chant n'a pas, comme la musique, des signes négatifs ou silences, mais seulement un signe d'arrêt et de repos : c'est la *barre*.

247. Il y a trois sortes de barres : la petite barre, qui sépare les notes d'un mot de celles du mot suivant; elle ne traverse que la 2e et la 3e ligne de la portée :

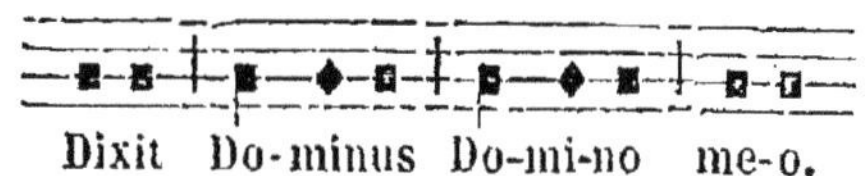

248. La grande barre, qui traverse les quatre lignes de la portée; elle s'emploie lorsque la phrase de chant exige un repos, comme à la fin de chaque vers des hymnes et des proses :

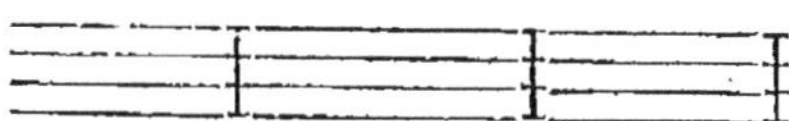

249. La double barre, qui indique un changement de chœur et qui termine toute pièce de chant :

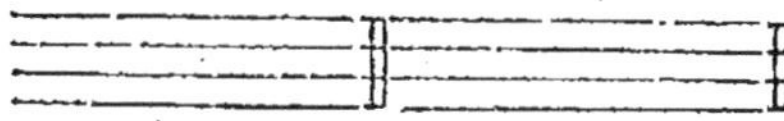

Des Clefs.

250. Il y a dans le plain-chant deux figures de clefs : celle de la clef d'*ut* et celle de la clef de *fa*.

251. La clef d'*ut* peut se placer sur toutes les lignes, mais c'est ordinairement sur la 3^e et la 4^e ligne qu'on la trouve :

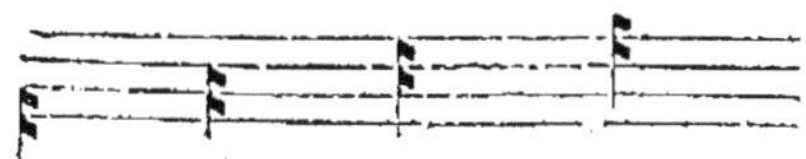

252. La clef de *fa* se place sur la 2e et la 3e ligne :

Placée sur la 2e ligne, cette clef rappelle en tout celle
d'*ut* 4e ligne ; aussi est-elle remplacée par celle-ci.

RAPPORT DES CLEFS.

29

DE LA PSALMODIE, DE L'USAGE DES LETTRES.

254. La psalmodie est le chant particulier des psaumes
de David et des autres cantiques tirés de l'Ecriture
sainte. La psalmodie tient le milieu entre le chant proprement dit et la parole.

255. On appelle *versets* les petites sections qu'on a
faites des psaumes et des cantiques; ces divisions, qui
permettent l'alternation entre plusieurs chœurs, sont ordinairement marquées par un nombre.

256. Le chant du premier verset est composé de
quatre parties, qui sont :

1° l'intonation;

2° la dominante ou teneur;

3° la médiation;

4° la terminaison.

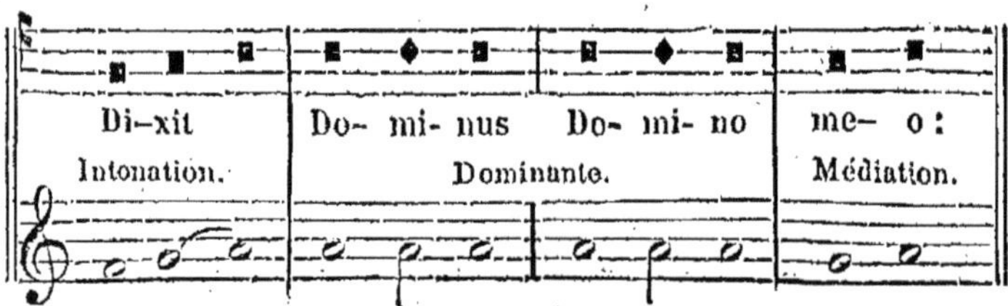

Le mot intonation désigne aussi très-souvent l'ensemble des quatre parties du premier verset. C'est dans ce sens que l'on dit *entonner* un psaume.

257. Tous les autres versets se reprennent par la dominante, excepté dans les cantiques où l'on reprend par l'intonation, à moins toutefois que l'on ne chante en faux-bourdons.

258. La terminaison est dite complète lorsqu'elle a lieu sur la finale du ton auquel la mélodie appartient : c'est l'intonation solennelle; elle est alors marquée par une grande lettre.

259. Si la finale est autre, la terminaison est dite incomplète; elle est alors désignée par une petite lettre à laquelle on fait encore subir diverses modifications pour indiquer diverses terminaisons sur la même note.

De l'usage des lettres.

260. Le plain-chant a encore conservé l'usage des lettres A, B, C, D, E, F, G, pour désigner, non-seulement la note sur laquelle est établie l'échelle du morceau, mais plus souvent encore la note finale de la pièce de chant.

261. Les chiffres 1, 2 3, 4, 5, 6, 7, 8, dont les lettres sont toujours précédées, indiquent celui des tons auquel appartient la pièce.

Ainsi 1 en D ou simplement 1 D indique un morceau du premier ton, avec la finale RE. 8 G, le 8e ton avec la finale *sol*.

*262. Formule usitée autrefois dans les écoles
pour retenir facilement la finale et la dominante de chaque
ton :*

1. Pri.	ré	la.	5. Quint.	fa	ut.
2. Sec.	ré	fa.	6. Sex.	fa	la.
3. Ter.	mi	ut.	7. Sept.	sol	ré.
4. Quart.	mi	la.	8. Oct.	sol	ut.

30

DU TRITON, DU BÉMOL, DU DIÈZE, DE LA TRANSPOSITION.

Du Triton.

263. Le triton est la succession ou l'intervalle en montant ou en descendant de trois tons entiers consécutifs, comme

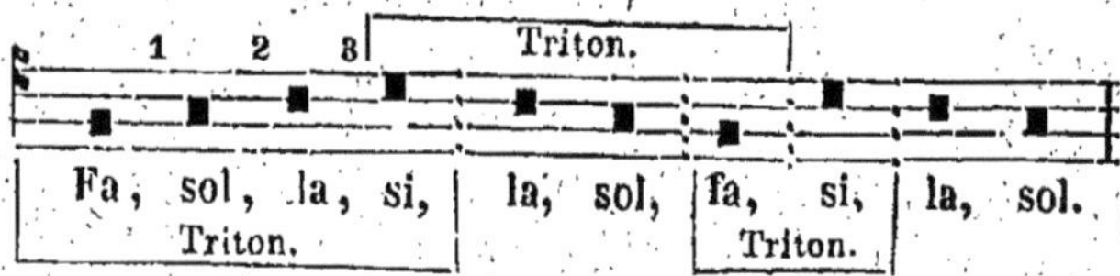

La dureté de son intonation l'a fait proscrire du plainchant dès le principe, bien que son effet ne soit pas toujours aussi marqué que dans le passage ci-dessus.

264. Le triton disparaît par l'emploi du bémol, de la transposition et aussi dans certains passages par l'emploi du dièze.

Du Bémol.

265. Le bémol ($\flat$) a, comme dans la musique, pour effet de baisser d'un demi-ton la note devant laquelle il se trouve placé.

De la Transposition.

266. La transposition permet d'éviter le triton en écrivant la pièce de chant dans une échelle où les demi-tons se trouvent naturellement à la place assignée par la mélodie.

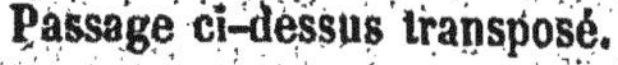

267. On emploie la transposition dans le cas où le triton ne disparaîtrait qu'en bémolisant le *mi*, ou en diézant le *fa*, deux altérations contraires aux habitudes de notation du plain-chant. Mais (comme le *mi* bémolisé suppose que le *si* l'est déjà), on conçoit qu'en notant alors le morceau une quarte plus bas, le *si* devient *fa*, et le *mi* $\flat$ devient *si* $\flat$, seule note bémolisée qu'admette le chant grégorien.

268. L'emploi du bémol permet de transposer les huit tons du plain-chant à la quarte supérieure. Pour parler comme en musique, nous dirons que c'est un morceau en *ut* que l'on transpose en *fa*.

OBSERVATIONS.

269. Cette transposition à la quarte, qui n'a pour but que de simplifier la notation (car cette transposition n'a lieu que lorsqu'elle est une simplification), et non de mettre le morceau à la portée des voix, est la seule qu'admette le système actuel de notation du plain-chant; mais les voix transposent constamment pour mettre le morceau dans le diapason qui leur convient, ce dont s'aperçoit l'instrumentiste accompagnateur qui voit surgir une armature plus ou moins chargée.

270. Le plain-chant rappelle par sa notation la musique en chiffres, où tous les morceaux sont écrits dans le ton d'*ut* que l'on transpose ensuite en *ré*, en *mi*, en *fa*, etc., en prenant la note *ut* à la hauteur de *ré*, de *mi*, de *fa*, etc.

271. Il faut remarquer aussi que, lorsqu'au moyen de la dominante et de la finale on veut rechercher le mode auquel appartient une pièce de plain-chant, il est nécessaire de s'assurer si le morceau n'a pas été transposé, car, comme on le conçoit, ces deux notes ne seraient plus *la, ré*, dans le 1er ton, *fa, ré*, dans le 2e, etc.

Il est essentiel aussi de ne pas oublier que le chant des psaumes admet plusieurs finales.

Du Dièze.

272. Le dièze est un signe (x ou ♯) qui a pour effet de hausser d'un demi-ton la note devant laquelle il se trouve placé.

273. Le dièze est complétement étranger à la constitution primitive du plain-chant, dans lequel il n'a été en-

suite admis que pour adoucir certains passages rudes de
l'ancienne tonalité, et généralement pour hausser *la note
qui descend et remonte ensuite pour faire repos*. Même
dans ces passages le dièze n'est presque jamais marqué;
mais, écrit ou non, il doit s'exécuter et s'exécute en effet,
tout au moins aux trois quarts, et cela, même par ceux
qui ne veulent à tout prix souffrir ce signe dans le plain-
chant.

Exemples.

(Avec la traduction en notation musicale.)

31

EXERCICES DE LECTURE ET D'INTONATION.

Clef d'Ut 4e ligne.

Clef de FA.

(Se lit comme la clef de fa en musique.)

200.

Clef d'UT 3e ligne.

201.

Intonations principales des Psaumes dans les huit modes.

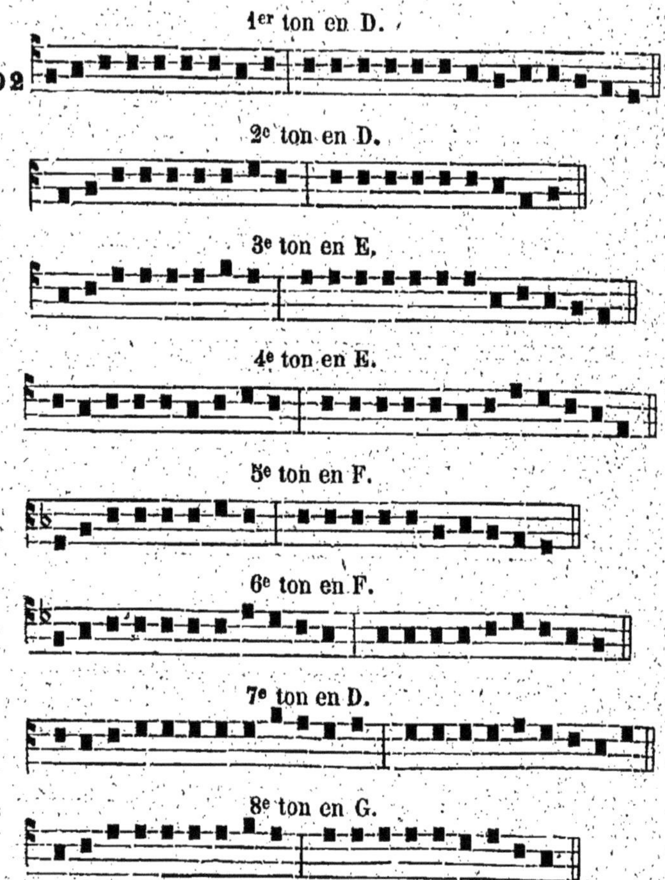

REMARQUE. On voit dans le tableau ci-dessus que la note finale de chaque intonation est bien celle du mode auquel elle appartient. Toutefois, il faut se rappeler que cette finale peut être autre dans les psaumes : c'est ce qui arrive ici pour le 7e ton qui nous présente la finale *ré* au lieu de *sol*.

32

DE LA MANIÈRE DE TRANSPOSER LES TONS DU PLAIN-CHANT POUR LES INSTRUMENTS ACCOMPAGNATEURS.

274. Toute transposition à vue d'une pièce de plain-chant donne lieu :

1° A une nouvelle clef;

2° A une armature comme en musique.

Ainsi, soit à transposer un ton plus bas, le passage suivant :

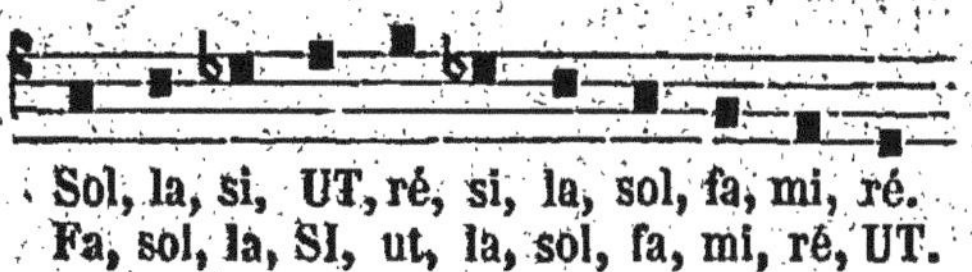

Pour trouver la nouvelle clef à faire intervenir, nous remarquerons d'abord que, du simple remplacement de la note principale UT par la note SI, et par conséquent du remplacement aussi de toutes les autres notes par celles du degré inférieur, résulte la transposition cherchée, et, pour la note UT, une nouvelle position qui donne naissance à la nouvelle clef, que l'on découvre en parcourant les lignes et les interlignes de la portée. On trouve ainsi le barreau où cette nouvelle dénomination de notes place *ut*. Cette note venant ici se fixer sur la première ligne, nous donne par conséquent la clef d'*ut* 1re ligne à admettre dans ce cas.

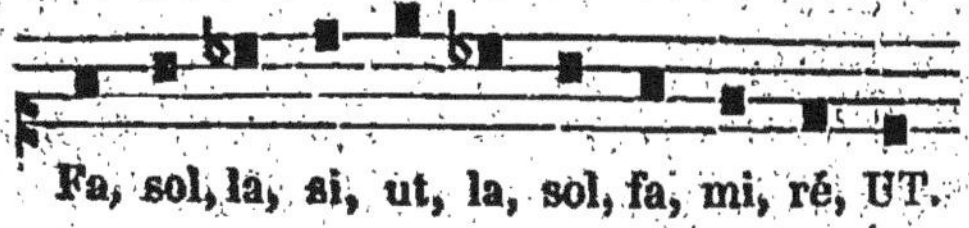

275. Au reste, la note *ut*, transposée dans tous les degrés de la gamme, donnant le résultat suivant, l'élève n'aura qu'à chercher la note qui remplace *ut* pour avoir la clef transpositrice. Ainsi, pour élever d'un degré une pièce de chant, c'est la clef de *sol* qui intervient; pour l'élever de deux, c'est la clef d'*ut* 3ᵉ ligne, etc.

Clef d'ut 4ᵉ ligne transposée.

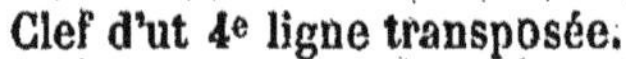

Clef d'ut 3ᵉ ligne transposée.

Clef de fa transposée.

Inutile de dire que la même clef transpose un morceau en *ré* ♮ et en *ré* ♭; en *mi* ♮ et en *mi* ♭, etc.

276. Pour trouver l'armature qui doit accompagner la clef transpositrice, il faut se rappeler que chaque mode du plain-chant est, dans les livres ordinaires d'église, avec la note carrée, *théoriquement* écrit dans le ton que l'on appelle en musique ton d'*ut*; que, par conséquent, les notes

RÉ♭, RÉ, MI♭, MI♮, FA, SOL♭, SOL♮, LA♭, LA♮, SI♭, SI♮,
substituées à la note *ut* deviennent toniques et fournissent respectivement en armature :
5♭, 2♯, 3♭, 4♯, 1♭, 6♭, 1♯, 4♭, 3♯, 2♭, 5♯.

Transposition des huit modes avec LA pour dominante.

277. Dans les églises où l'on adopte le LA pour dominante des huit tons, la finale étant alors,

Dans le 1er ton, la note ré,

2e ——————— fa ♯,
3e ——————— ut ♯,
4e ——————— mi,
5e ——————— ré,
6e ——————— fa,
7e ——————— ré,
8e ——————— mi,

Le 1er ton se lit tel qu'il est écrit.

Le 2e ton, noté avec la clef de *fa*, se lit avec la clef d'*ut* 4e ligne, suivie d'une armature de 4 ♯ ou de 3 ♭ :

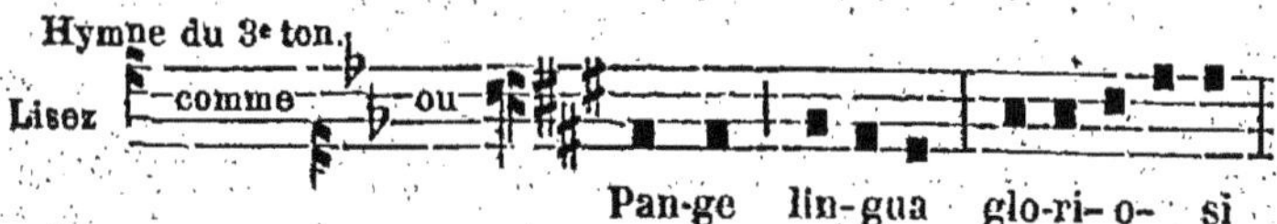

Le 3e ton, noté avec la clef d'*ut* 4e ligne, se lit avec la clef d'*ut* 3e ligne, suivie de 3 ♯. Mais ce ton est généralement trop haut; il convient de le baisser, en lisant par exemple comme ci-après :

Mais le *Pange lingua* se chante mieux tel qu'il est écrit.

Le 4e ton, tel qu'il est noté.

Le 5e ton, noté avec la clef d'*ut* 3e ligne, se lit avec celle d'*ut* 4e ligne, suivie d'une armature de 3 ♯. Ainsi :

Le 6e ton, tel qu'il est noté.

Le 7e ton, noté avec la clef d'*ut* 3e ligne, se lit avec la même clef 1re ligne, suivie d'un ♯; mais il est plus convenable de lui donner *sol* pour dominante, en le lisant avec la clef de *fa*, suivie d'un ♭ :

Le 8e ton se lit avec la clef de *fa*, suivie de 3 ♯ :

278.   **AUTRE TRANSPOSITION**

PAR LA CLEF UNIQUE D'UT 4e LIGNE.

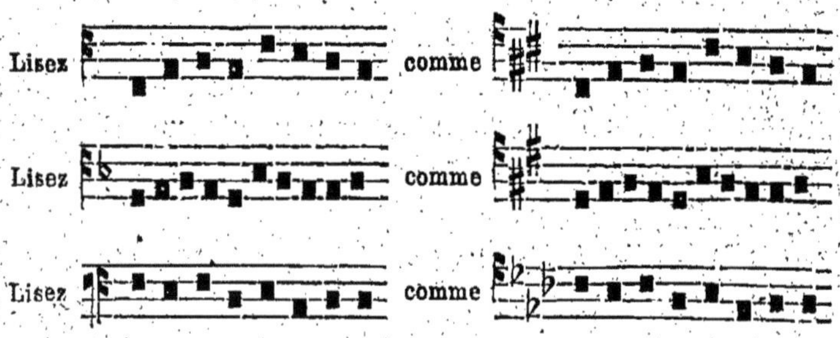

279. OBSERVATION. Nous avons pris chaque mode écrit avec la clef qu'il emploie le plus ordinairement, mais dans le cas où il en serait autrement, l'élève trouvera facilement la nouvelle clef et la nouvelle armature à intervenir après tout ce que nous venons de voir.

33

MORCEAUX DIVERS.

Canons, Mélodies, Chœurs, Chants patriotiques.

Canon (1) à trois voix.

280. (1) On appelle *Canon*, en musique, la reproduction ou l'imitation perpétuelle soit à l'unisson, soit à la seconde, à la tierce, à la quarte, etc., et dans un même morceau, d'un motif précédemment entendu ; tantôt c'est une simple répétition, tantôt une variation ou transformation du motif principal, qui passe d'une partie à l'autre, de manière que ces parties semblent se fuir et se poursuivre, d'où le nom de *Fugue*. (*Voyez* la Leçon n° 196.) Les canons ci-après sont à l'unisson, c'est-à-dire que le motif est répété à l'unisson par les diverses parties.

Un morceau disposé en canon est surmonté d'autant de lettres A, B, C, etc., qu'il contient de parties. Pour un canon à deux parties, la première lit seule depuis A jusqu'à B ; à ce moment la seconde attaque A, et les deux parties poursuivent jusqu'à la fin, recommençant sans interruption quand le morceau est fini et autant de fois qu'il leur plaît. On s'arrête sur une cadence.

Pour un canon à trois parties, la troisième attaque A au moment où la première attaque C et la deuxième B, et l'on continue comme ci-dessus. Quel que soit le nombre de parties, on procède de la même manière.

Rappelons ici qu'en général il est nécessaire que l'élève solfie le morceau avant de le chanter avec les paroles.

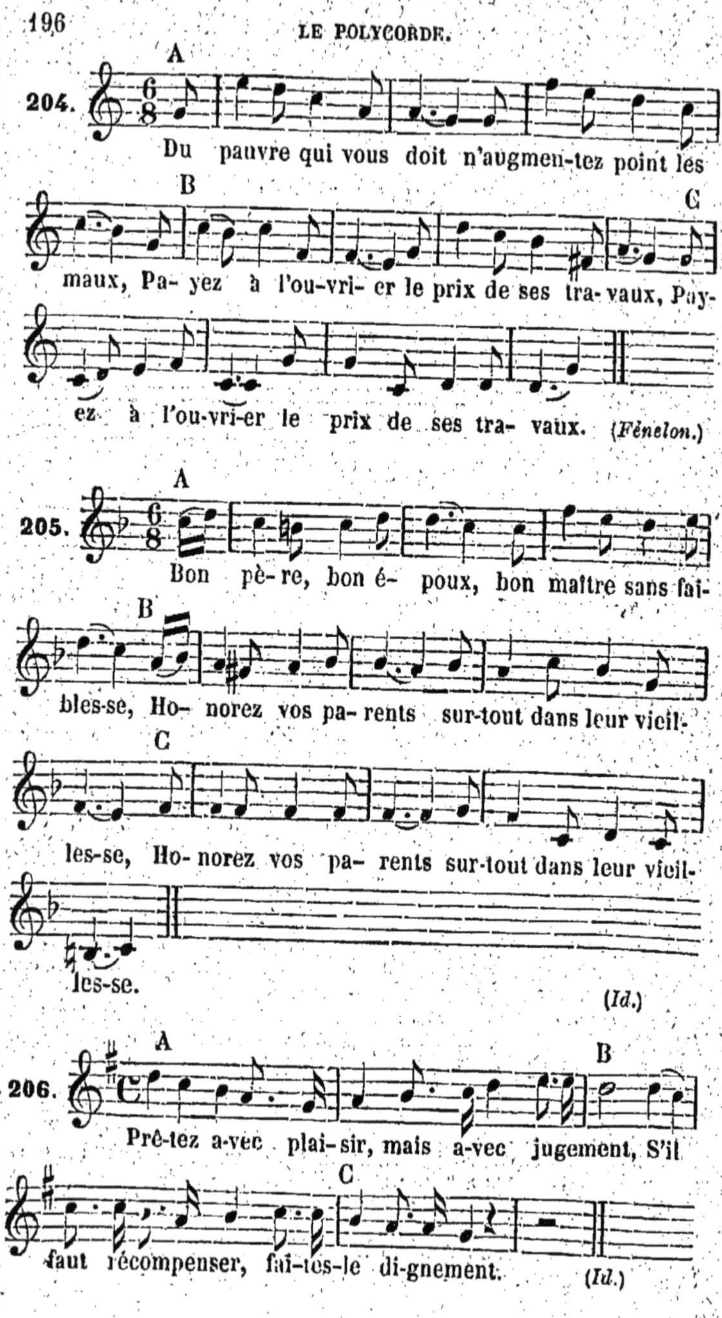
204.
Du pauvre qui vous doit n'augmen-tez point les
maux, Pa- yez à l'ou-vri- er le prix de ses tra- vaux, Pay-
ez à l'ou-vri-er le prix de ses tra- vaux. (Fénelon.)

205.
Bon pè- re, bon é- poux, bon maître sans fai-
bles-se, Ho- norez vos pa- rents sur-tout dans leur vieil-
les-se, Ho- norez vos pa- rents sur-tout dans leur vieil-
les-se. (Id.)

206.
Prê-tez a-vec plai-sir, mais a-vec jugement, S'il
faut récompenser, fai-tes-le di-gnement. (Id.)

La nuit.

Mod.
CANON.
Zunsterg.
207.
La lu-ne é- clai-re, La lu-ne é-
La lu-ne é-
clai-re la ci - - - - me des co-
clai-re, La lu-ne é- clai-re la ci - - - - me
La lu-ne é- clai-re, La lu-ne é- clai-re la
teaux, Par la pri- è- re ter- mi- - nons nos tra-
des co- - teaux, Par la pri- è- re
ci - - - - - me des co-
vaux. La lune é-
ter- mi- nons nos tra- vaux.
teaux, Par la pri- è- re ter-minons nos travaux.

Bel enfant, ouvre les yeux.

Paroles de F. Bernard.   ROMANCE.   Musique de F. Giraud.

Andante.

208.

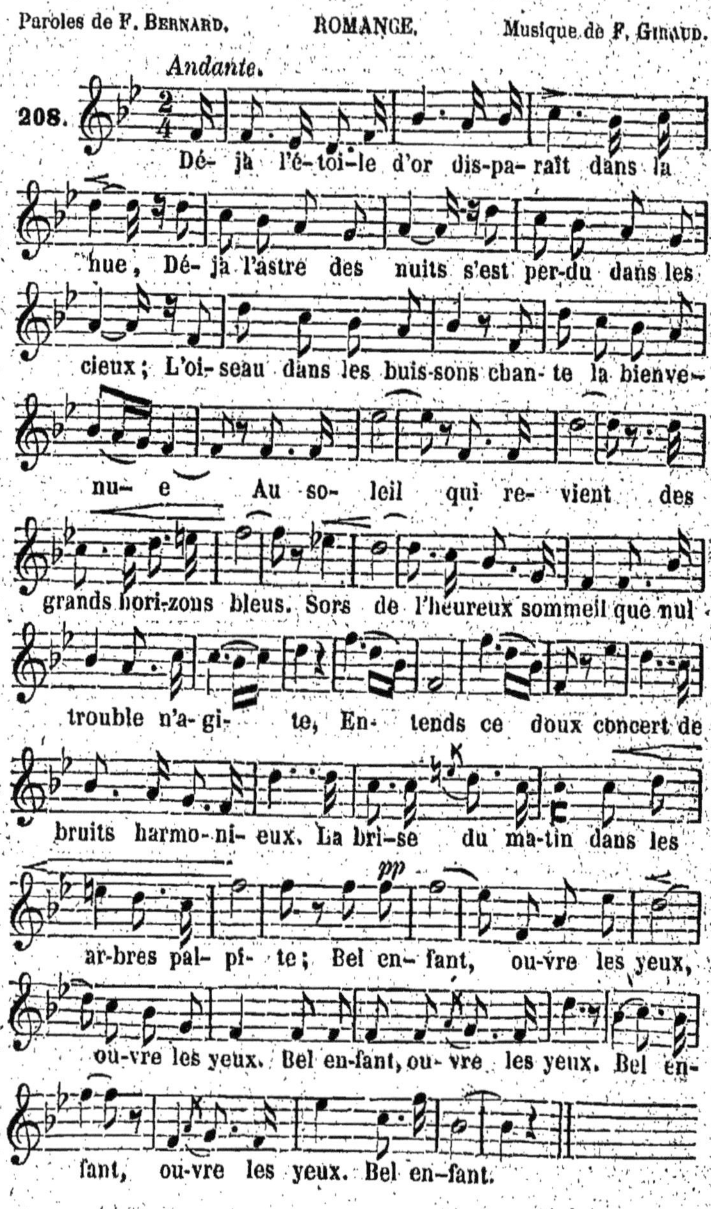

2

Un beau jour de printemps épanche sur la terre
Son trésor de parfums sortis du sein de Dieu;
Et du cristal des eaux une vapeur légère
Monte comme l'encens au trône du saint lieu;
A cet hymne d'amour mêle aussi tes prières,
Exhale de ton cœur un chant mélodieux.
Sommeil aux blonds pavots, quittez donc ces paupières.
  Bel enfant, ouvre les yeux.

3

Vois-tu, les boutons d'or brillent dans les prairies
Et la rosée en pleurs sème les diamants;
C'est l'heure où dans les bois violettes jolies
Ouvrent aux frais zéphirs leurs calices charmants.
Enfant, voici le jour qui blanchit les collines,
Qui s'échappe du ciel en cascades de feux,
Pour admirer ici tant de choses divines,
  Bel enfant, ouvre les yeux.

Prière de Joseph.

MEHUL.

209.

Pour la Fête d'une personne qui nous est chère.

Paroles de CH. VERTRAY. Musique de DEZÈDE.

210.

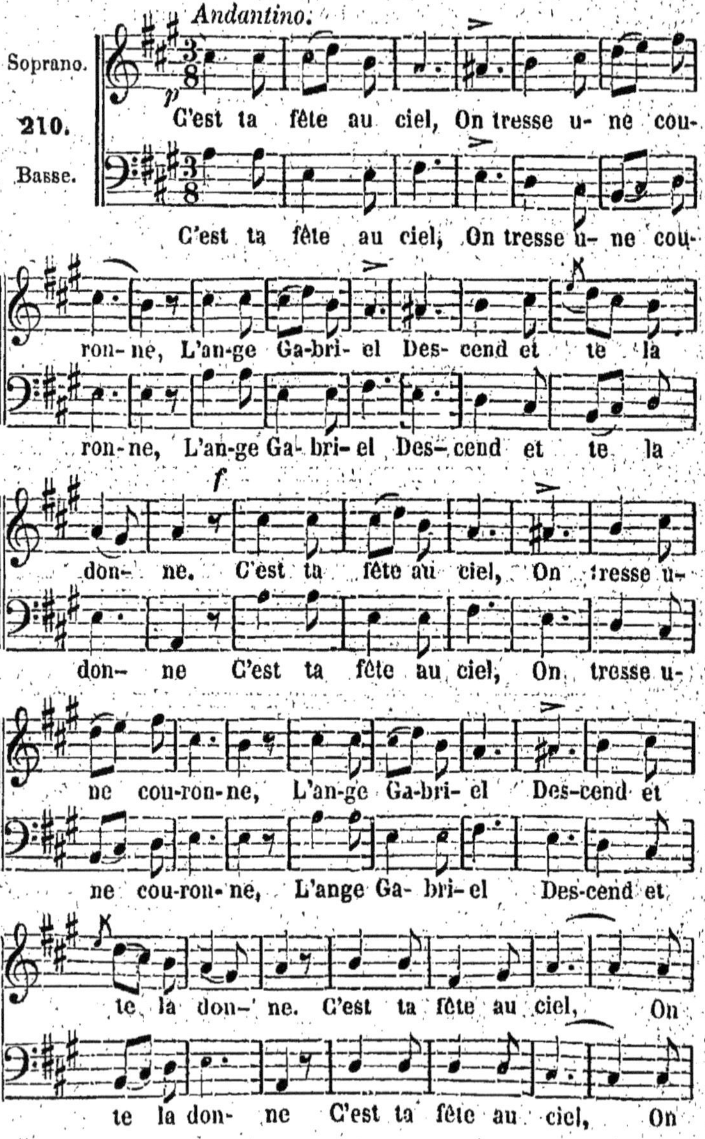

tresse u- ne cou- ron- ne, L'ange, l'an-ge Ga-bri-
tresse u- ne cou- ron- ne, L'an-ge, l'an-ge Ga-bri-
el Descend et te la don- ne; Oui, l'an-ge Ga-bri-
el Descend et te la don- ne; Oui, l'an-ge Ga- bri-
el Descend et te la don- ne, Descend et te la
el Descend et te la don- ne, Descend et te la
don- ne, Descend et te la don- - ne.
don- ne, Descend et te la don- - ne.
A   B   G
Ami-ti-é, tré-sor des cieux, Embel-lis mon
Que ton reflet brille à nos yeux, Charme si doux
D
ex- is- ten- ce.
de l'enfance.

211.

Résolution.

Paroles d'Aug. Armand.

Musique de F. Giraud

Andante.

212.

Ad lib.

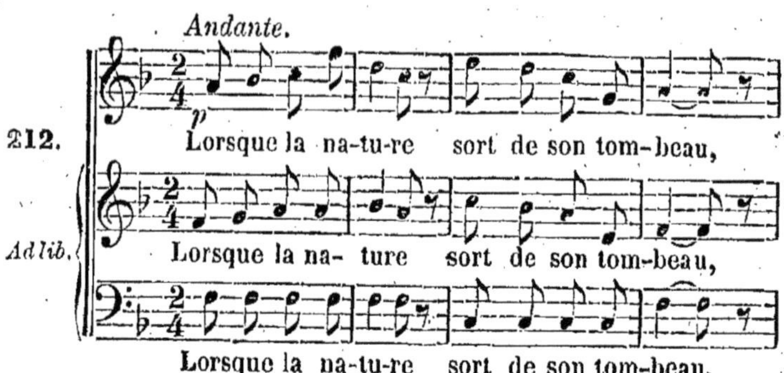

2

Quand tout à la vie
Renaît à la fois ;
Lorsque la prairie
Fleurit, que le bois
Reprend sa verdure,
Le champ sa parure,
Le flot son murmure,
Et l'oiseau sa voix ;

3

Quand, comme à la rose,
Ce temps enchanté
Rend à toute chose
Jeunesse et beauté ;
Lorsque tout proclame
Sa féconde flamme ;
A toi, dis, mon âme,
Qu'a-t-il apporté ?

4

Tu sais : notre joie
Dure peu d'instants ;
Tout devient la proie
Des sombres autans :
Ce temps, dans l'année,
N'est qu'une journée ;
Bientôt est fanée
La fleur du printemps.

5

Ta part est meilleure :
Tu peux ici-bas
Faire une demeure,
Où tu règneras
Sans craindre l'orage,
Et que le passage
Du sombre nuage
N'obscurcira pas.

6

Lorsque l'innocence
Et la paix, sa sœur,
Régnant en silence,
Habitent un cœur,
On voit avec elles
Fleurs toujours nouvelles,
Eaux pures et belles,
Et douce fraîcheur.

7

Chaque jour des anges,
Se donnant la main,
Mènent leurs phalanges
Dans ce frais jardin ;
L'âme recueillie
Ecoute, ravie,
La douce harmonie
Qui charmait Eden !....

8

Ce jardin, mon âme,
Je veux te l'ouvrir ;
Je veux que ta flamme
Puisse s'y nourrir ;

Et, qu'après l'aurore
Qui viendra le clore,
Du printemps encore
Tu puisses jouir.....

Ton nom seul, ô Marie.

Paroles de M. l'abbé Koenig.　　　　　　　　Musique de F. Giraud.

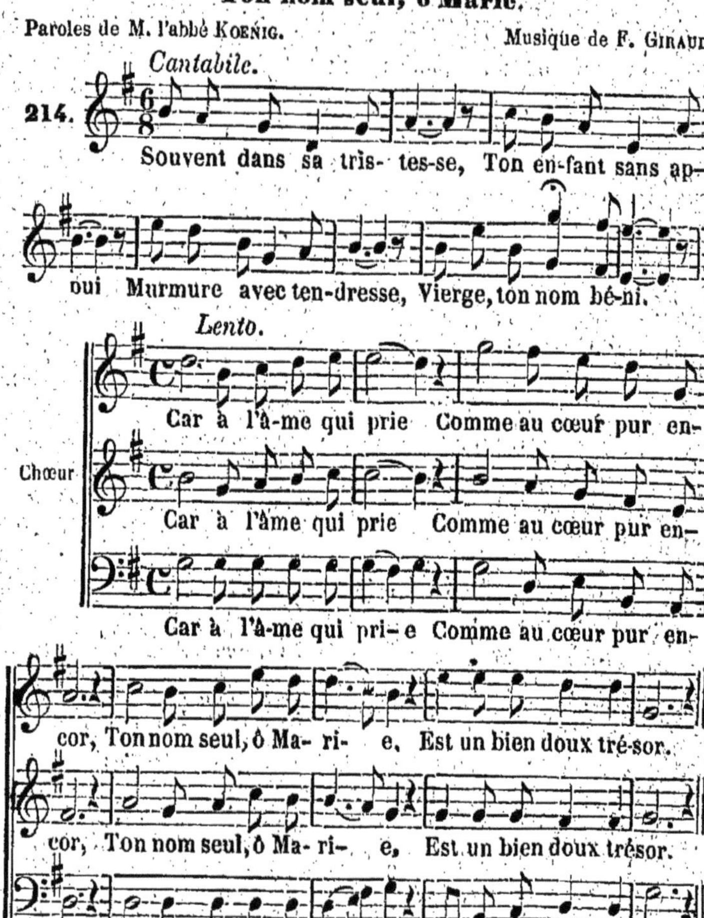

<table>
<tr><td>

2

A la tige penchée
Sous un soleil brûlant
Bien douce est la rosée
Du soir rafraîchissant.

3

Au pécheur qui s'égare
La nuit, bien loin du port,
Doux est l'éclat du phare
Qui l'arrache à la mort.

</td><td>

4

A l'enfant qui chemine
Solitaire et rêveur,
Que douce est l'aubépine
Avec sa blanche fleur.

5

De cette vie amère,
Quand il faudra sortir,
Oh! que ton nom, ma Mère,
Soit mon dernier soupir.

</td></tr>
</table>

Prière à la Vierge.

Paroles de M. l'abbé KOENIG.   Musique de F. GIRAUD.

Lento con expressione.

2	**4**
Mon cœur coupable	Une parole
Craint le courroux	Dite à ton Fils
Si redoutable	Sauve, console
Du Dieu jaloux.	Nos cœurs flétris.
3	**5**
Quand la justice	Dès mon enfance
Arme sa main,	Je fus à toi ;
Sois-moi propice,	Que ta clémence
Astre serein.	Parle pour moi !

Le Pont de la veuve.

Poésie de FLORIAN.   Musique de F. GIRAUD.

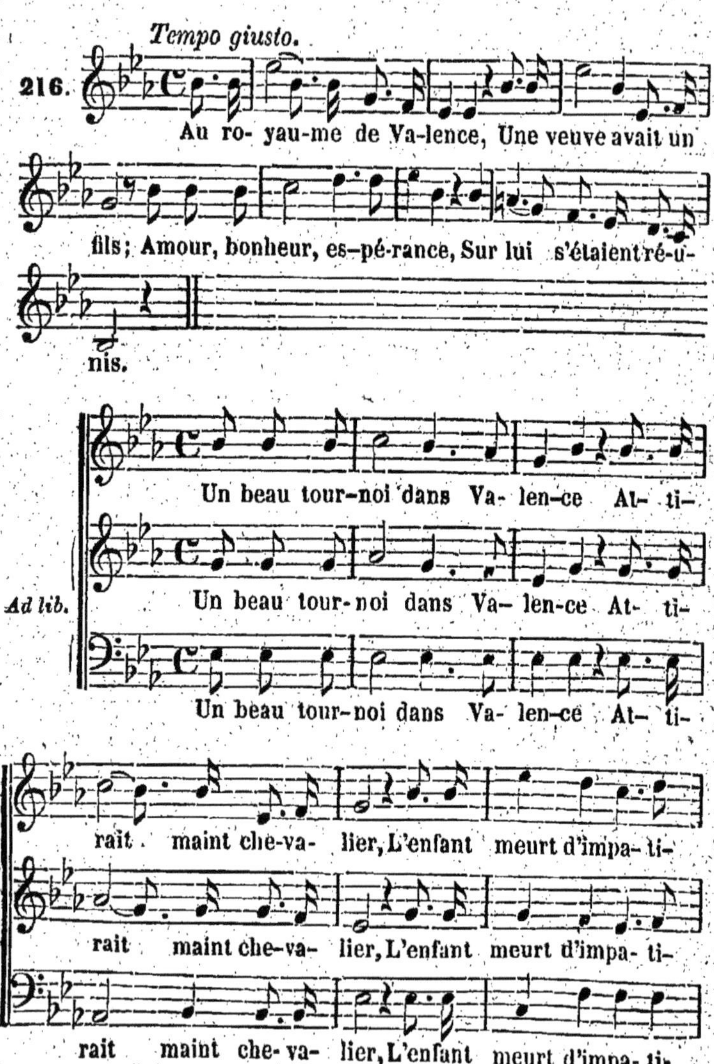

2

Sa mère y consent et pleure
Et lui dit, en l'embrassant :
Si tu ne veux que je meure,
Ne sois pas trois jours absent.
L'enfant part avec sa suite ;
Bientôt il trouve un torrent ;
Son coursier l'y précipite :
Les flots emportent l'enfant.

3

Pour le ramener à terre,
Efforts et secours sont vains.
Ah ! trop malheureuse mère,
C'est toi surtout que je plains !
Un saint pasteur va chez elle,
Pour l'instruire de son sort :
A cette âme maternelle
Il donne le coup de la mort.

4

Sans proférer une plainte,
Renfermant tout dans son cœur,
Enfin, d'une voix éteinte,
Elle dit au saint pasteur :
J'irai bientôt, je l'espère,
Près de ces funestes eaux.
Vous m'y conduirez, mon père ;
J'y trouverai le repos.

5

Là, que ma fortune entière
D'un pont devienne le prix,
A l'endroit de la rivière
Où j'ai perdu mon cher fils ;
Et qu'au moins dans ma misère,
Ce pont, trop tard élevé,
Préserve toute autre mère
Du malheur que j'éprouvai.

6

Je veux qu'on porte ma bière
Parmi ces tristes roseaux ;
Qu'on la couvre d'une pierre
Où l'on gravera ces mots :
« Dans cette demeure affreuse,
« De mon corps sont les débris :
« Mais mon âme plus heureuse,
« Mon âme est avec mon fils. »

7

Elle dit, et tombe morte.
On suivit sa volonté :
Près du torrent on la porte ;
Un pont s'élève à côté.
Le pont, non loin de Valence,
Se fait encore admirer :
On le traverse en silence,
Et jamais sans y pleurer.

Tantum ergo.

Tiré de DALAYRAC.

218.

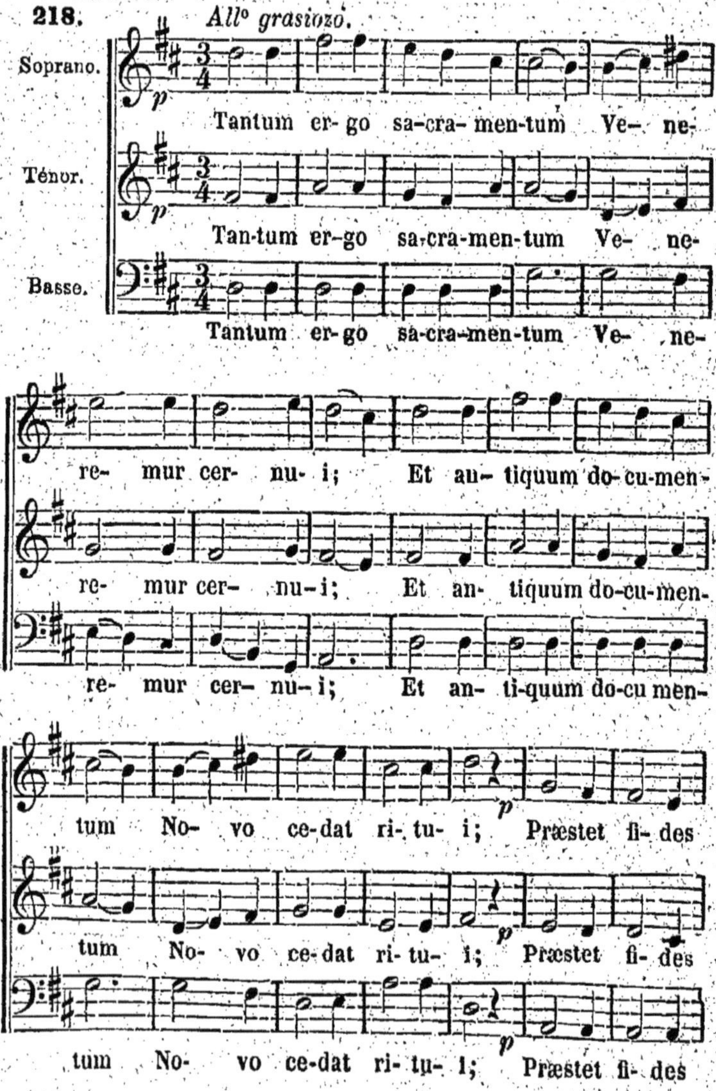

supplementum; Præ- stet fi- des sup- plementum Sen-
sup-plementum; Præ- stet fi- des sup- plementum Sen-
supplemen-tum; Præ- stet fi- des sup- plementum Sen-
su-um Sen-su-um de- fe-ctu-i.
su-um Sen-su-um de- fe-ctu-i.
su-um Sen su-um de- fe-ctu-i.
Ge-ni- to- ri, Ge-ni- to- que Laus et
Ge-ni- to- ri, Ge-ni- to- que Laus et
Ge-ni- to- ri, Ge-ni- to-que Laus et
ju- bi-la- ti- o, Sa-lus, ho-nor, vir-tus quo- que
ju- bi-la- ti- o, Sa-lus, ho-nor, vir-tus quo-que
ju- bi-la- ti- o, Sa-lus, ho-nor, virtus quoque

Genitori.

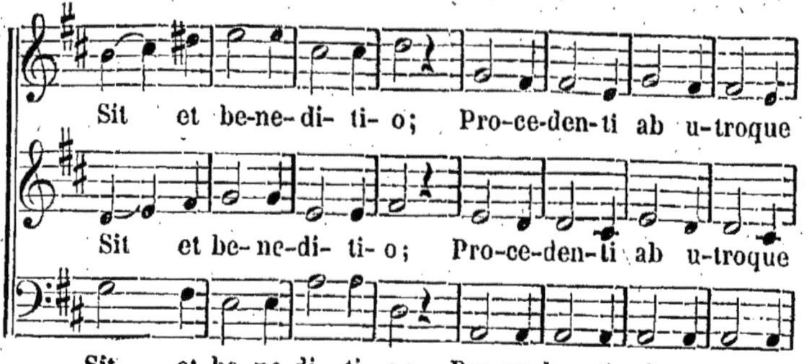
Sit et be-ne-di- ti- o; Pro-ce-den-ti ab u-troque
Sit et be- ne-di-ti- o; Pro-ce-den-ti ab u-troque
Sit et be-ne-di- ti- o; Pro-ce-den-ti ab u-troque

Com- par sit lau-da- ti- o, Com-par sit, Com-
Com- par sit lau-da- ti- o, Com-par sit, Com-
Com- par sit lau- da- ti- o, Compar sit, Com-

par sit lau-da- ti- o. A- men.
par sit lau-da-ti- o. A- men.
par sit lauda- ti- o. A- men.

O Salutaris.

A quatre parties.

Tiré de Spohr.

219.

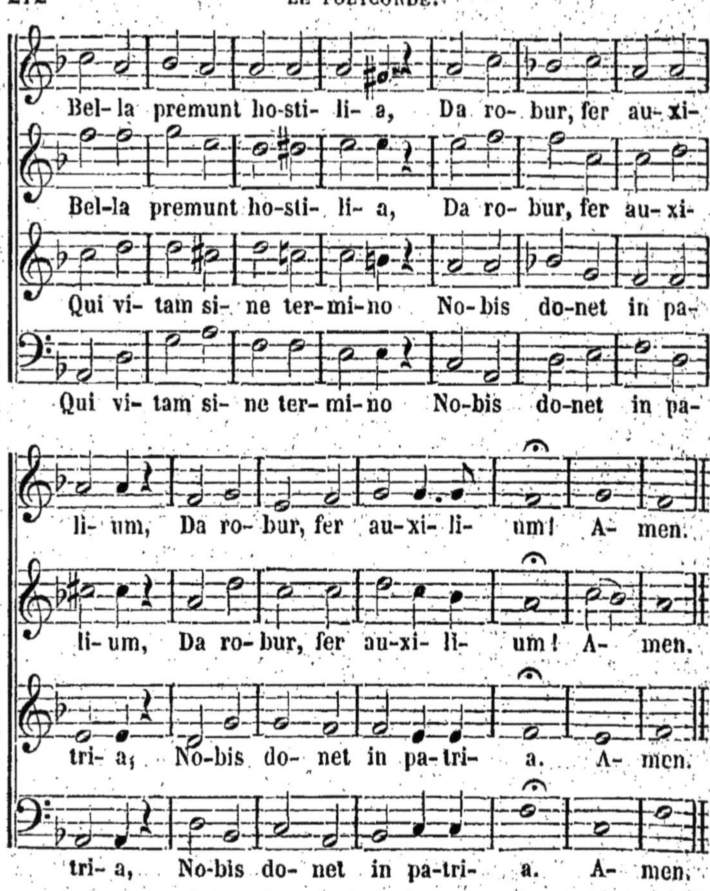

Joseph vendu par ses frères.

Opéra de MÉHUL.

Andante.

220.

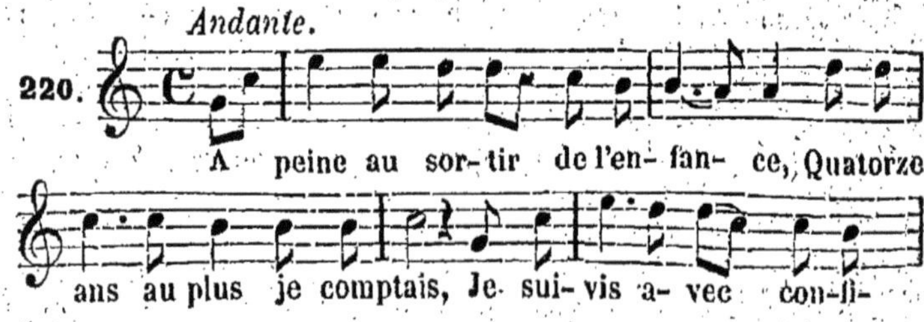

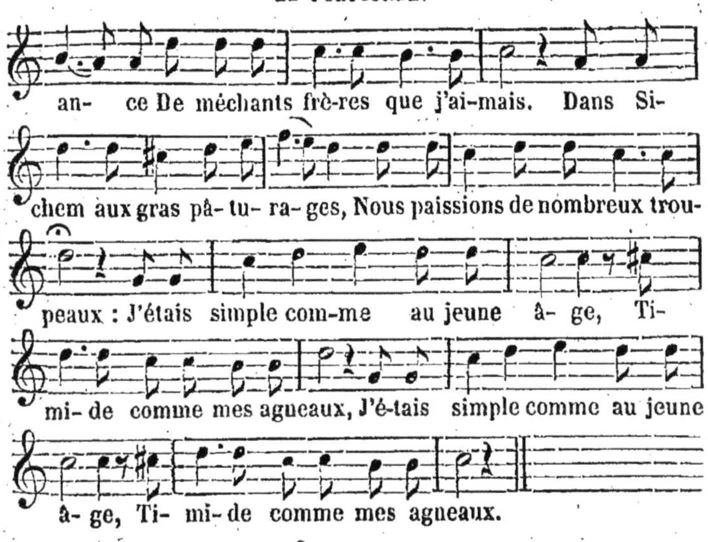

2
Près de trois palmiers solitaires,
J'adressais mes vœux au Seigneur;
Quand, saisi par ces méchants frères,
J'en frémis encor de frayeur,
Dans un humide et froid abîme
Ils me plongent dans leur fureur,
Quand je n'opposais à leur crime
Que mon innocence et mes pleurs.

3
Hélas! près de quitter la vie,
Au jour je fus enfin rendu.
A des marchands de l'Arabie
Comme un esclave ils m'ont vendu.
Tandis que du prix de leur frère
Ils comptent l'or qu'il partageaient,
Hélas! moi je pleurais mon père
Et les ingrats qui me vendaient.

221.
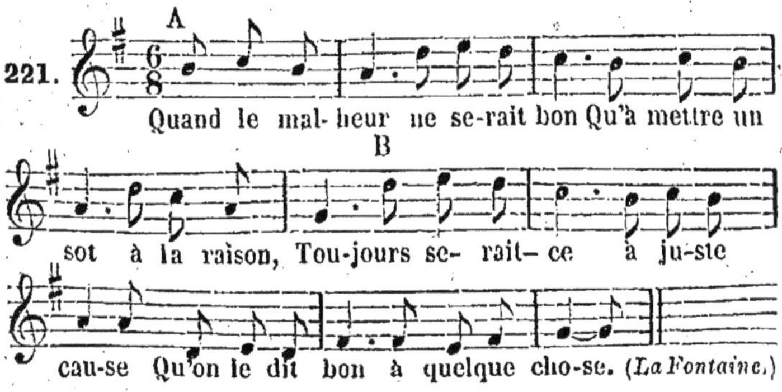

Adieux à l'École.

CHOEUR FINAL POUR DISTRIBUTION DE PRIX.

Poésie de Ch. Vertray.   Musique de F. Giraud.

222..

Ce 3e couplet se chante d'abord en solo, par un seul soprano, puis en chœur.

mais, Dans l'humai-ne mi-sè-re Ai-dons-nous dé-sor-
mais, Dans l'humaine mi-sè-re Ai-dons-nous dé-sor-
mais, Dans l'humaine mi-sè- re Ai-dons-nous dé-sor-
mais, Dans l'humaine mi-sère Aidons-nous dé-sor-
mais, Dans l'humaine mi-sère Aidons-nous dé-sor-
mais, Dans l'humai-ne mi-sère, Aidons-nous dé-sor-
mais.
mais.
mais.
Andante.
4e Couplet.
Par ces palmes de gloi- re, Ju-
rons tous, en nos cœurs, De gar-der la mé-moi-re De

Le 4e couplet se répète en chœur sur la musique du 2e couplet.

5e Couplet.

sur la musique du 3e, en solo d'abord, puis en chœur.

Et vous, dont la sagesse,
L'esprit et la bonté
Montrent à la jeunesse
L'auguste vérité :

6e Couplet.

une 1re fois en solo sur la musique du 1er couplet, puis une 2e fois sur le chœur final ci-après.

Recevez notre hommage;
Nos cœurs, dans l'avenir,
Garderont votre image
Comme un doux souvenir.

Ciel du matin, Reste serein.

Paroles d'Aug. Arnaud.   Musique de F. Giraud.

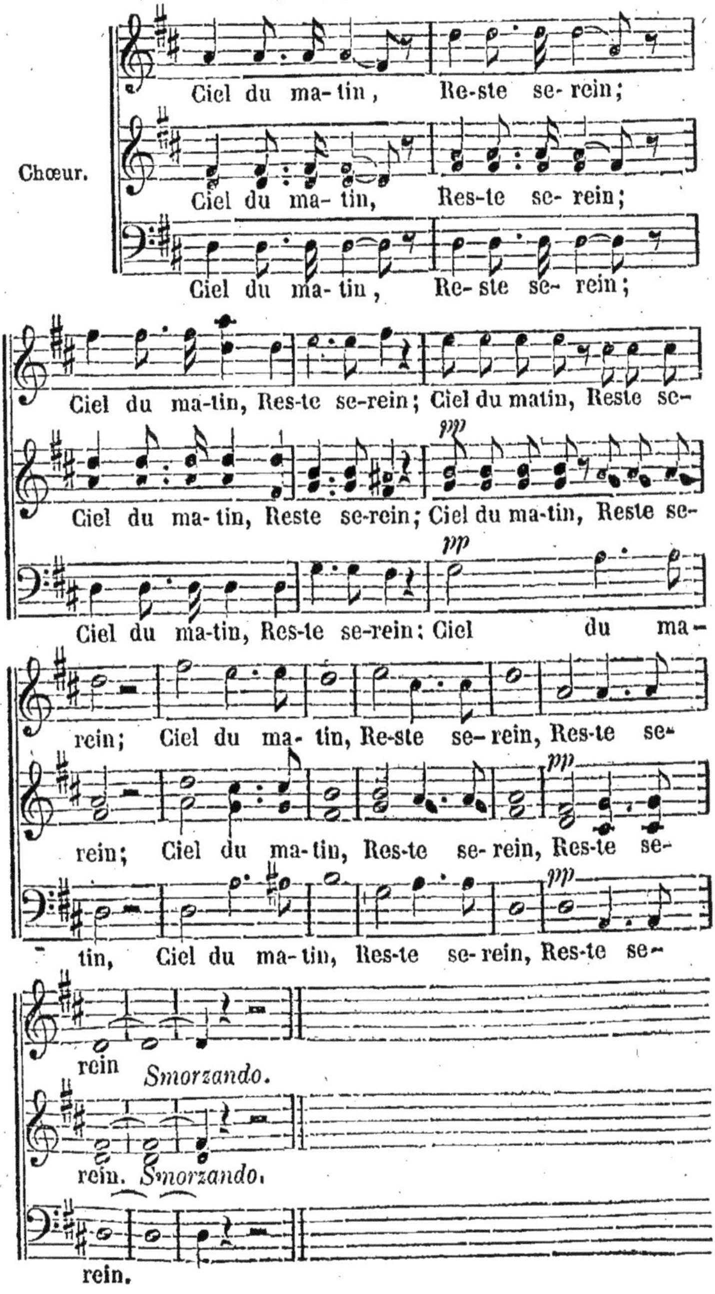
Chœur.
Ciel du ma- tin, Re-ste se- rein;
Ciel du ma- tin, Res-te se- rein;
Ciel du ma- tin, Re- ste se- rein;
Ciel du ma-tin, Res-te se-rein; Ciel du matin, Reste se-
pp
Ciel du ma- tin, Reste se-rein; Ciel du ma-tin, Reste se-
pp
Ciel du ma-tin, Res-te se-rein; Ciel du ma-
rein; Ciel du ma- tin, Re-ste se- rein, Res-te se-
pp
rein; Ciel du ma-tin, Res-te se- rein, Res-te se-
pp
tin, Ciel du ma- tin, Res-te se- rein, Res-te se-
rein Smorzando.
rein. Smorzando.
rein.

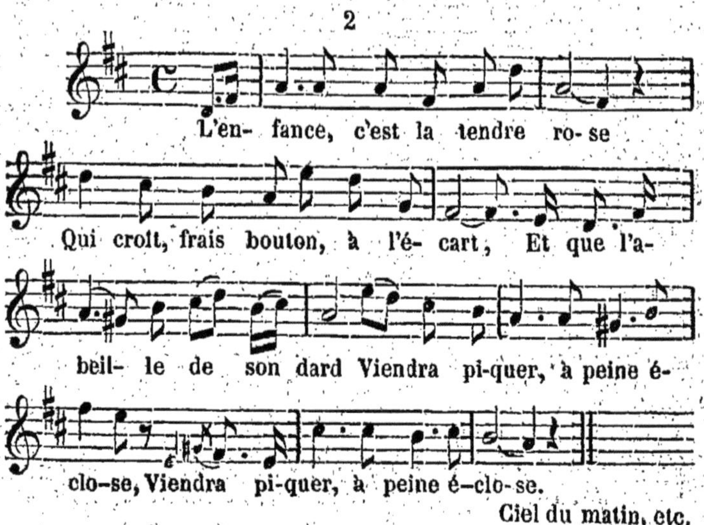

3
Voyez cet enfant qui se joue
Sur la prairie aux cent couleurs,
Beau, frais et souriant aux fleurs
Qui se reflètent sur sa joue.
     Ciel du matin, etc.

5
La joie, au souffle de l'orage,
S'obscurcit sur son front vermeil,
Et renaît avec le soleil,
Qui sort radieux du nuage.
     Ciel du matin, etc.

4
Un papillon passe ; — il se lève,
Le poursuit de son jeune essor,
Et croit voir l'ange aux ailes d'or
Qui l'a caressé dans un rêve.
     Ciel du matin, etc.

6
Enfant, c'est la belle journée ;
Maintenant ta vie est en fleur :
Ah! goûte, goûte le bonheur
Pendant sa courte matinée.
     Ciel du matin, etc.

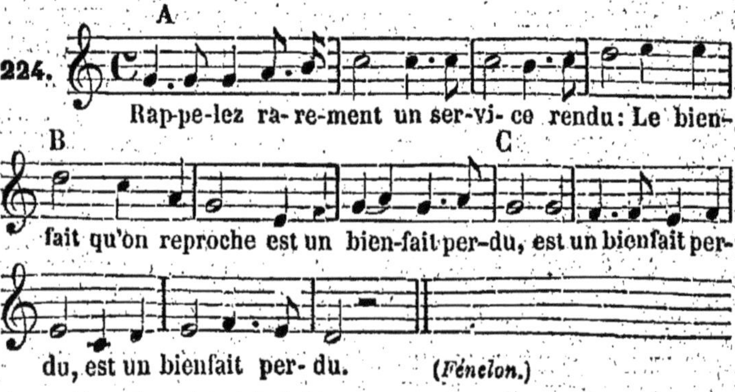

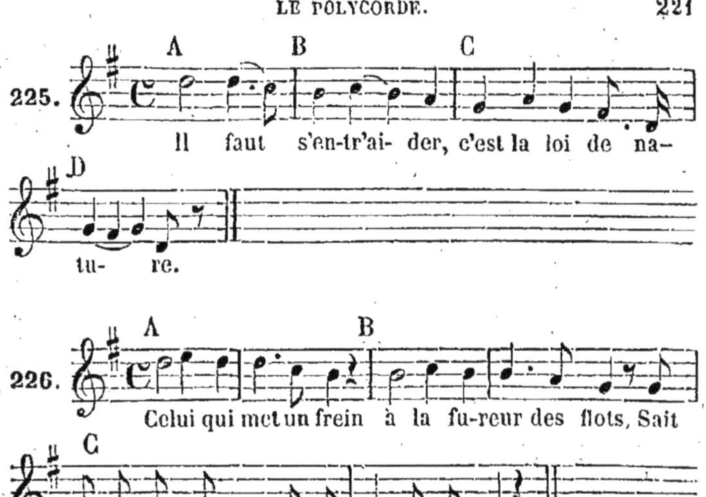

Chant du Départ.

(MÉHUL.)

God save the queen (DIEU SAUVE LA REINE.)

CHANT NATIONAL ANGLAIS.

Disposé à 3 parties.

228.

Partant pour la Syrie.

DE LA REINE HORTENSE.

229.
Chant.

Accompagnement
vocal
ou
instrumental.

LE POLYCORDE.

Hymne des Marseillais

ROUGET DE L'ISLE (1).

(1) Rouget de l'Isle, né à Lons-le-Saulnier en 1760, et mort en 1836, était en 1792 officier du génie, en garnison à Strasbourg, où il composa en une nuit les paroles et la musique de la Marseillaise, pour l'armée du Rhin dont il faisait partie. A la journée du 10 août, les volontaires Marseillais chantèrent cet hymne en marchant contre les Tuileries : d'où son nom.

34

PRINCIPES ÉLÉMENTAIRES D'HARMONIE.

Préliminaires.

De la mélodie, du rhythme, de la phrase musicale.

281. On appelle *mélodie* ou chant toute succession plus ou moins agréable de sons simples. Ainsi, une personne qui chante seule, exécute une mélodie. Une mélodie peut encore être exécutée à l'unisson par plusieurs voix, ou même être accompagnée par une harmonie sans cesser de porter ce nom. On dit qu'une personne chante une mélodie, et qu'un instrument l'exécute.

282. On appelle *harmonie,*

1° La science des accords ;

2° L'ensemble des instruments à vent qui composent un corps de musique. Dans cette acception, on dit plus souvent encore *fanfare,* quand il ne s'agit que d'instruments en cuivre, et simplement *musique,* lorsqu'il s'y trouve des instruments en bois : *musique d'infanterie, fanfare de cavalerie ;*

3° L'ensemble d'une suite d'accords exécutés par les voix ou par les instruments, ou par les uns et les autres à la fois. (Page 121.)

283. On appelle *partition* la réunion synoptique de toutes les parties d'une harmonie quelconque, réunies et disposées de manière à ce que l'œil puisse saisir d'un coup l'ensemble des parties. (*Voyez une autre acception du mot* partition *aux* n°ˢ 397 *et* 398.)

284. Certains instruments pouvant faire entendre sur eux-mêmes plusieurs notes à la fois, jouent habituellement de l'harmonie ; tels sont, par exemple, l'orgue, le piano, la harpe, etc. La partition de cette harmonie se réduit alors généralement à deux portées (n° 176).

De la mélodie et du rhythme.

285. La mélodie résulte de la combinaison successive des sons, ainsi que de la combinaison des durées.

286. Avec la première on établit la tonalité et les formes rudimentaires des dessins mélodiques ; avec la combinaison des durées on donne la vie et le mouvement à ces formes froides et inanimées, en les dotant du rhythme enfin, cette *baguette magique* et toute-puissante qui transforme les plus simples mélodies.

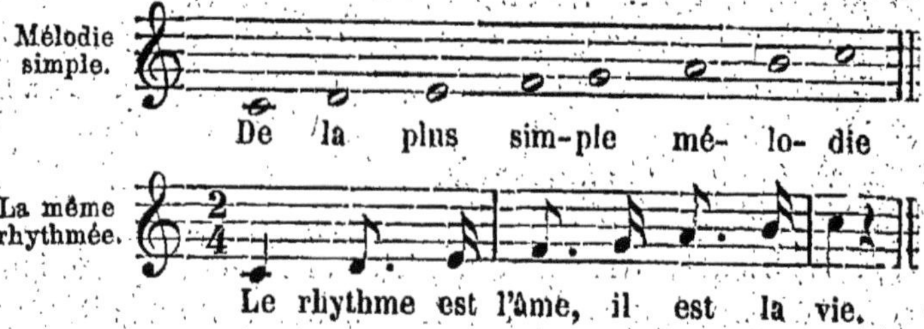

Personne n'ignore que c'est au rhythme que la musique militaire doit ses plus beaux effets.

287. Le rhythme résulte du retour périodique d'un certain arrangement symétrique des diverses durées. Il est indépendant de la tonalité.

288. La tonalité et le rhythme : voilà les éléments constitutifs et essentiels de toute mélodie.

289. La tonalité ainsi que la grâce et l'élégance de forme dans les dessins mélodiques dominent généralement dans les mouvements lents. Le rhythme, au contraire, a toute son action dans un mouvement précipité, et semble alors constituer à lui seul tout l'effet musical. Voyez-vous l'Espagnol électrisé par les castagnettes dans sa danse du *boléro*, du *fandango*, etc.? le guerrier conduit à la victoire au bruit cadencé du tambour qui bat la charge pour monter à l'assaut? Croyez-vous que la plus belle mélodie du monde pût remplacer ce coup de baguette énergiquement frappé à la pose de chaque pied? (On sait que la charge n'est autre chose que le battement énergique, sans coups intermédiaires, de la cadence précipitée d'une marche guerrière à deux temps.)

290. La symétrie dans le rhythme, c'est-à-dire la répétition des mêmes durées de sons et de silences à des distances égales, est la condition par laquelle le rhythme satisfait pleinement l'oreille.

Remarquez la symétrie parfaite des mesures 1, 3, 5 et 7; et celle des mesures 2, 4, 6, et 8, quant aux valeurs qui les composent.

Phrase musicale.

291. La phrase musicale est une succession de sons dont l'ensemble forme un sens mélodique complet. Chaque phrase se divise en demi-phrases indiquées ordinairement par un repos quelconque. Les phrases que l'on trouve le plus fréquemment sont celles de 4 et de 8 mesures divisées chacune en demi-phrases de 2 et

de 4 mesures. Avec des phrases on forme des périodes, avec des périodes on écrit des morceaux entiers.

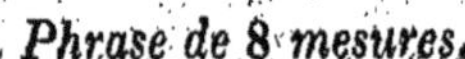

292. A une phrase de 3 ou de 5 mesures doit succéder une autre d'un même nombre, afin d'obtenir toujours la symétrie ou carrure de la phrase, en terminant ainsi le sens mélodique sur un nombre pair de mesures. Les phrases de deux mesures sont très-rares; celles de sept n'existent pas.

293. La terminaison d'une phrase ou partie de phrase musicale est, comme celle d'un vers, *masculine* ou *féminine* : masculine, lorsque l'accent rhythmique produit par le retour du temps fort frappe la dernière note ; féminine, lorsque c'est l'avant-dernière note qui est fortement accentuée pour se lier alors à la dernière

comme une syllabe forte se lie à une syllabe muette.

294. Une mélodie est simple, lorsqu'elle est dépouillée de toute espèce d'ornements, tels que trilles, appoggiatures, notes de passage, etc.

Fragment de mélodie simple.

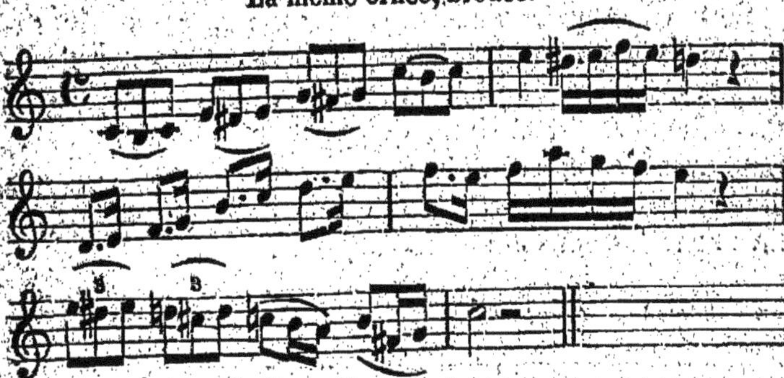
La même ornée, brodée.

295. On ne peut retrancher aucune des notes d'une mélodie réduite à ses notes radicales, ni les altérer par le ♯ ou par le ♭, sans modifier la constitution mélodique du morceau ; mais on comprend qu'il n'en est

point ainsi des notes d'ornement, qui ne sont, en dé-
finitive, qu'un habillement toujours susceptible de modification.

296. Par conséquent aussi, il est loisible à l'exécutant
d'orner une mélodie simple, ou de modifier les broderies
qui peuvent déjà entourer ses notes principales.

35

ACCORDS, RENVERSEMENTS,
résolutions, retards, anticipations, pédale, cadences.

297. Un *accord* est l'effet agréable et doux à l'oreille
de plusieurs sons entendus simultanément.

298. Il y a deux classes d'accords : celle des accords
consonnants et celle des accords *dissonnants*.

299. On appelle accords consonnants ceux qui sa-
tisfont pleinement l'oreille ; ils se composent de la
tierce, de la quarte, de la quinte, de la sixte et de l'octave. La tierce et la sixte, qui peuvent être majeures ou
mineures sans cesser d'être des consonnances, sont dites
consonnances *imparfaites*. La quarte, la quinte et l'octave sont des consonnances *parfaites*.

300. Les accords dissonnants sont ceux qui font
éprouver à l'oreille une sorte d'anxiété, mais qui par

leur résolution, leur passage sur un accord consonnant, augmentent prodigieusement l'effet de ces derniers. Ce sont comme les ombres d'un tableau qui servent à faire ressortir davantage l'éclat des couleurs. Ils se composent de la seconde, de la quarte (si elle frappe contre la basse et qu'elle soit accompagnée de la quinte), de la septième et de la neuvième. La quarte peut donc être consonnante ou dissonnante, selon le cas; le sentiment qu'elle fait naître est vague, incertain, indécis.

301. L'accord le plus simple est formé par deux sons distants l'un de l'autre d'une tierce, majeure ou mineure, comme

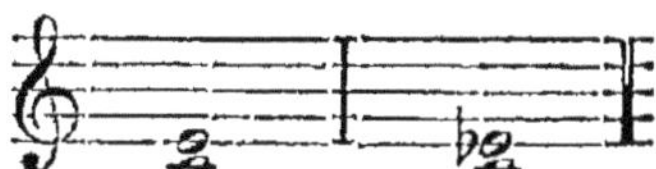

C'est déjà une harmonie agréable; mais si l'on y joint un 3e son attaquant la quinte, on obtient alors ce que l'on appelle l'*accord parfait*:

302. La répétition de la basse à l'aigu complète l'accord, mais sans y apporter aucun élément nouveau.

303. La basse est cette partie qui joue un si grand

rôle dans l'harmonie : c'est la note la plus grave d'un accord.

304. C'est à partir de la basse que se comptent les intervalles dont sont formés les accords (n° 308).

305. D'après ce principe, nous dirons que l'accord parfait majeur est composé d'un intervalle de tierce majeure (*do-mi*) et d'un intervalle de quinte juste (*do-sol*) ou, d'après un autre ordre de supputation des intervalles

d'une tierce majeure (do-mi)
et d'une tierce mineure (mi-sol).

On remarquera que dans le mode mineur on a inversement

une tierce mineure (do-mi ♭)
et une tierce majeure (mi ♭-sol).

Mais cette position respective des deux tierces ne serait que d'une importance secondaire si elle n'était le résultat de la variabilité du *mi*, cette note véritablement caractéristique et constitutive de l'accord dans les deux modes. Nous savons en effet que l'accord majeur est éclatant et joyeux; et que le mineur, au contraire, est empreint d'une certaine mélancolie, caractère distinctif de ce mode que l'ancienne musique semblait particulièrement affectionner.

Accord de septième mineure sur dominante.

306. L'accord de septième sur dominante est un accord dissonnant composé de trois tierces successives (1 tierce majeure et 2 tierces mineures) formées par quatre notes dont la plus grave est la *dominante* ou 5e note de la gamme majeure, ou mineure même base, et la note la plus aiguë, la *septième mineure* au-dessus de cette dominante. Dans la gamme d'ut majeur et d'ut mineur, cet accord se compose des notes naturelles *sol, si, re, fa*; dans le ton de sol majeur et de sol mineur, de *re, fa* ♯, *la, do*. On voit qu'il ne diffère de

l'accord parfait majeur même base que par la note aiguë, qui est septième au lieu d'être octave de la basse. La tierce majeure peut se trouver aussi soit à la seconde, soit à la troisième tierce pour constituer alors d'autres accords de septième d'une espèce différente.

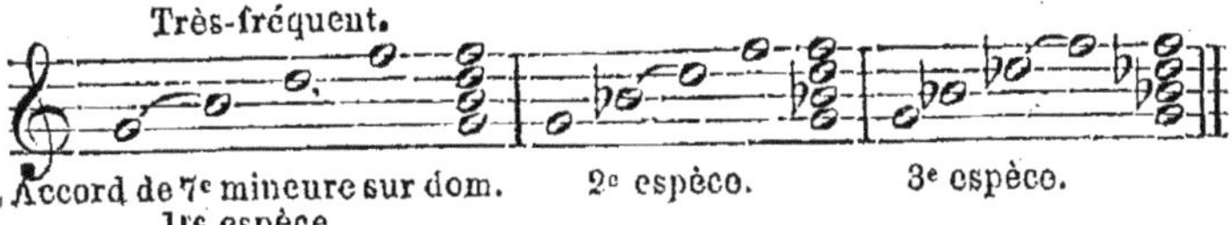

Accord de 7ᵉ mineure sur dom.   2ᵉ espèce.   3ᵉ espèce.
1ʳᵉ espèce.

307. Si la note fondamentale est haussée d'un demiton, on a l'accord de *septième diminuée* qui s'emploie fréquemment dans le mode mineur. Dans le mode majeur, cet accord se place sur la 7ᵉ note de la gamme. Enfin, si c'est la note aiguë qui est haussée d'un demiton, la 7ᵉ est alors majeure et l'accord est appelé *septième majeure*. En ajoutant à l'accord de 7ᵉ dominante 1ʳᵉ espèce, une tierce, majeure ou mineure, on obtient l'accord de neuvième dominante, majeure ou mineure.

Accord de septième diminuée.

Dans le mode   Dans le mode   Septième   Neuvième maj.   Neuvième min.
mineur.   majeur.   majeure.   sur dominante. sur dominante.

308. L'ordre des notes qui composent un accord n'est pas toujours le même; celui d'après lequel nous avons écrit les précédents est l'état direct ou fondamental. Toute autre disposition constitue un renversement de l'accord. Un accord a autant de renversements qu'il contient de notes moins une.

Accord parfait à l'état
fondamental.   Au 1ᵉʳ renversement.   Au 2ᵉ renversement.

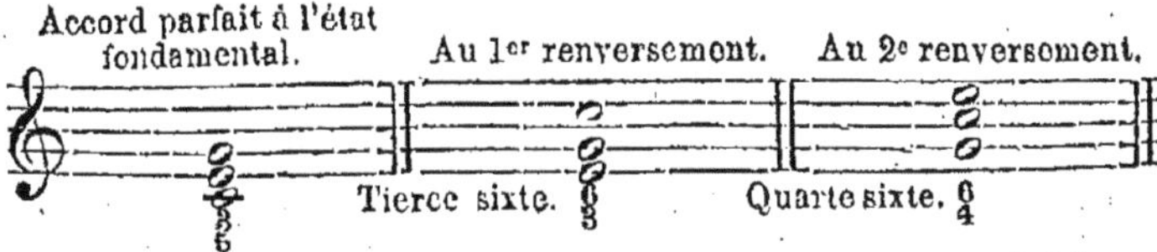

Tierce sixte.   Quarte sixte.

On remarquera que dans ce que l'on appelle la *basse*

chiffrée, les accords sont désignés par des chiffres qui indiquent précisément les intervalles dont ils sont formés.

309. On renverse un accord en portant la note la plus grave à l'octave aiguë. (N° 169.)

310. Tout accord dissonnant se résout sur un accord consonnant. La résolution a lieu par une marche naturelle, vers l'accord parfait, des notes qui font dissonnance.

311. L'accord de 7° mineure, 1ʳᵉ espèce, sur dominante se résout sur l'accord parfait de la gamme majeure ou mineure, sur la quinte de laquelle il est établi. (*Remarquez ci-dessous la marche des parties vers la résolution. fa,* descend sur *mi; re* sur *do; si* et *sol* montent sur *do.*) Dans les accords suivants le *sol* n'étant plus à la basse, reste en place.

Renversements et résolution de la 7° dominante de 1ʳᵉ espèce dans le mode majeur.

A part le mi, qui est bémolisé, ces accords sont aussi ceux d'ut mineur.

Les mêmes dans le relatif la mineur.

312.

Renversements et résolution de la 7° diminuée.

313.

314. L'accord de 7° diminuée peut aussi se résoudre dans le ton majeur, mais cette résolution est moins sa-

...l'accord appartient presque
...ment du mode mineur.

375. Lorsque toutes les notes d'un accord arrivent
en même temps sur l'accord suivant, on dit alors
qu'il y a retard ou prolongation.

...le ... est en retard en se prolongeant jusque sur
...en descendant ou elle forme alors avec ...
...l'accord parfait en sol majeur.
376. Un accord peut avoir une ou plusieurs notes qu'il
...une note qui monte d'un degré pour faire
...élevée d'un demi-ton, si elle descend
...elle peut également être baissée d'un
demi-ton.

377. Il y a anticipation lorsque dans un accord on
anticipe une ou plusieurs notes de l'accord qui va...

318. On appelle *pédale* la tenue prolongée d'une note, ordinairement la tonique ou la dominante, qui se fait entendre pendant un certain nombre de mesures et sur des accords auxquels elle est souvent étrangère. Son nom lui vient de ce que, primitivement employée dans la musique d'église seule, les organistes la faisaient entendre sur le clavier de pédale. Elle est d'un effet majestueux.

319. La *cadence* est la terminaison d'une phrase musicale sur un repos. On appelle aussi de ce nom la *chute* d'un accord dissonnant sur un accord consonnant.

320. On appelle *cadence parfaite* ou *finale* celle qui résulte soit d'un accord parfait sur la dominante (A), soit de l'accord septième mineure sur cette même dominante (B), soit enfin le premier suivi du second résolu sur l'accord parfait de la tonique à l'état fondamental. L'accord final à l'un de ses renversements ne donne qu'une *cadence imparfaite.*

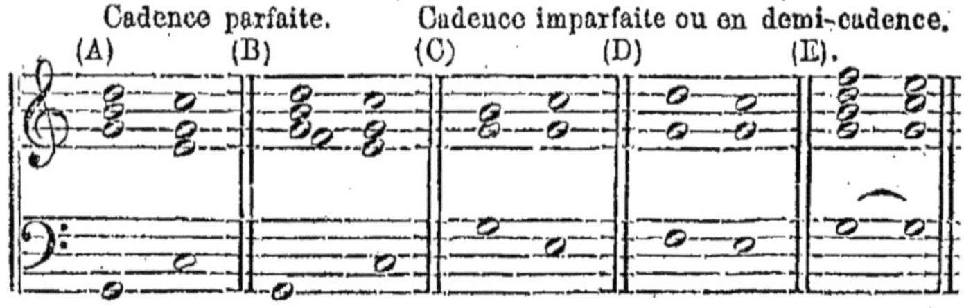

321. La cadence finale produit le sentiment du repos

... ne peut point avoir de cadence imprévue, que ne soit qu'il frappe *imparfaitement* l'oreille.

... La cadence *plagale*, très-employée dans le style ... et religieux, a lieu lorsqu'on passe de l'accord ... de la sous-dominante (ou même de tout autre) à l'accord parfait final de la tonique.

Cadence plagale.   Cadence picarde.

... cette cadence ... usitée dans le plain-chant, ... province où les organistes l'avaient ... vement employée.

... La cadence est dite *rompue* lorsque de l'accord ... dominante on passe, non pas dans l'accord parfait, ... cette septième, mais dans son relatif ...

... La cadence dite *évitée* ou mieux *imprévue* est ... dans laquelle on introduit la note 7 mineure dans ... parfait final sur lequel ... tombée la disson... ... qui produit une deuxième septième dominante ... au-dessous. On pourrait encore en faire une ... (une quatrième), etc., mais finalement il faut ... l'accord parfait, exempt cette fois de ...

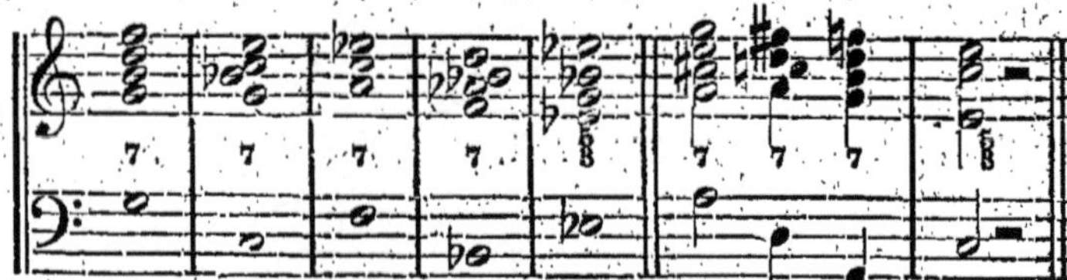

325. La cadence *interrompue* est celle qui consiste à faire succéder à l'accord de septième, qui annonce le repos, une autre septième, mais dont la base est une tierce au-dessous (A) ou au-dessus (B) de la première, une seconde au-dessus (C) ou une quarte au-dessous (D).

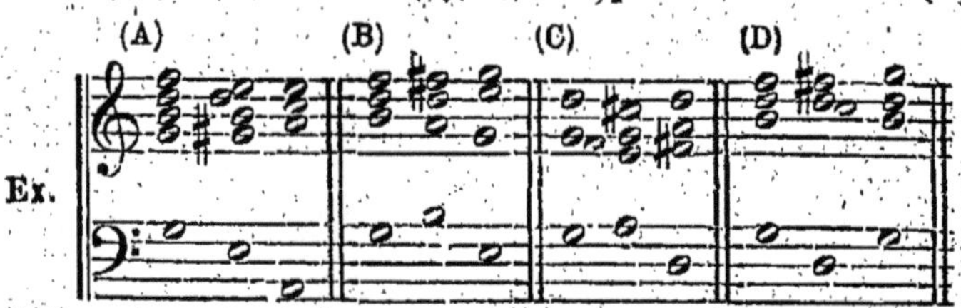

326. Dans le mode mineur on emploie de préférence les 7es diminuées au lieu des 7es dominantes.

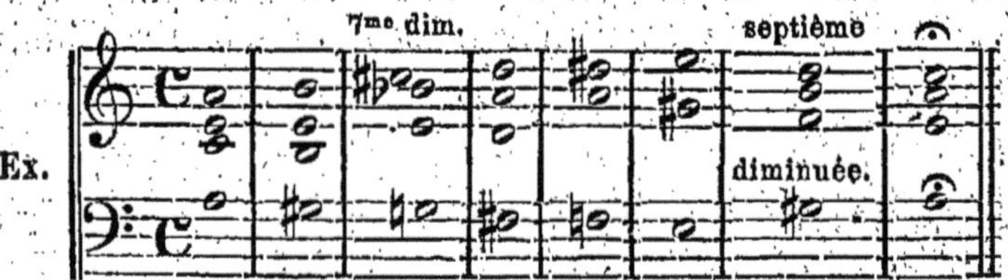

327. Lorsque les notes d'un accord sont frappées successivement, l'accord est dit *arpégé*. Lorsque, au contraire, toutes les notes en sont frappées à la fois, l'accord est dit *plaqué*.

36

DES MOUVEMENTS,
de l'emploi des consonnances, des dissonnances,
de la succession.

328. En harmonie, on appelle *mouvement* la marche des parties concertantes d'un morceau. On distingue trois sortes de mouvements : le direct ou semblable, le contraire et l'oblique.

329. Le mouvement direct ou semblable a lieu lorsque les parties montent ou descendent à la fois par notes d'égales valeurs ; il ne se forme qu'avec la tierce et la sixte.

330. Le mouvement contraire a lieu lorsqu'une partie monte et que l'autre descend. C'est celui qui produit le plus d'effet. Il admet toutes les consonnances, soit parfaites soit imparfaites.

331. Le mouvement oblique a lieu lorsqu'une partie reste en place et que l'autre monte ou descend. Il admet toutes les consonnances et les dissonnances.

332. On défend en harmonie de faire entendre deux accords consécutifs de quinte ou d'octave par mouvement semblable, mais on le peut par le mouvement contraire et par le mouvement oblique. Ces accords sont par leur perfection entièrement vides d'effet, outre que les quintes consécutives détruisent la tonalité des passages où elles se trouvent, en accusant à la fois deux tonalités différentes. Quant aux octaves, on sait qu'elles ne forment point harmonie dans le sens du mot.

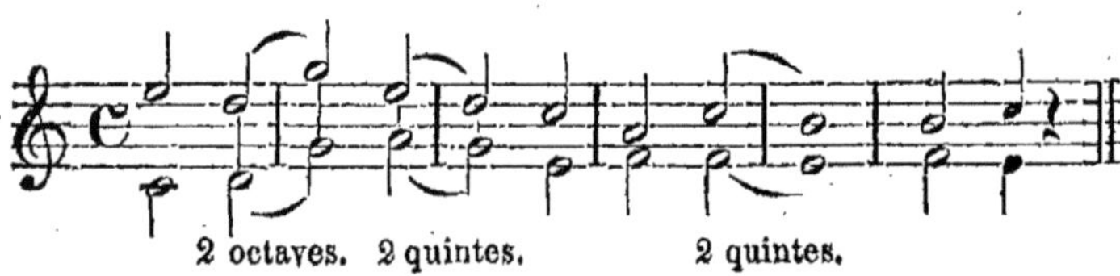

Les passages liés sont fautifs à raison des octaves et des quintes consécutives ; on pourrait les corriger de cette manière :

333. Mais cette défense n'a plus sa raison d'être, lorsque la marche des parties se trouve embarrassée par l'observation de la règle; lorsque les quintes ne font point entrevoir deux tons à la fois ; lorsque l'effet n'est nullement mauvais, et il en est souvent ainsi dans une harmonie composée de plus de deux parties. Telle est du reste la doctrine des plus illustres compositeurs.

334. *Remarque.* Une mélodie peut toujours être exécutée par plusieurs parties distantes les unes des autres d'une ou de plusieurs octaves, mais sans former harmonie, et par conséquent aussi sans violer la règle en question. Toutefois, une semblable exécution ne pourrait avoir lieu par quintes. Dans l'orgue cependant on trouve des jeux pour lesquels chaque touche du clavier fait entendre à elle seule l'accord parfait, et par conséquent des tierces, des quartes, des quintes et même des septièmes; mais ces jeux, dits de *fournitures*, ne peuvent être joués isolément.

335. On *prépare* une dissonnance en faisant entendre comme consonnante la note qui dans l'accord suivant va former la dissonnance, laquelle se résoudra en entrant de nouveau comme consonnante dans l'accord résolutif suivant.

336. L'accord qui prépare, celui qui résout, doivent être autant que possible d'une durée au moins égale chacun à celle de l'accord dissonnant.

337. La quarte se résout le plus souvent sur la tierce.

Si la préparation ne pouvait avoir lieu, la quarte devrait arriver par mouvement contraire avec la basse.

338. Quelques unes des préparations et des résolutions de la 7e mineure.

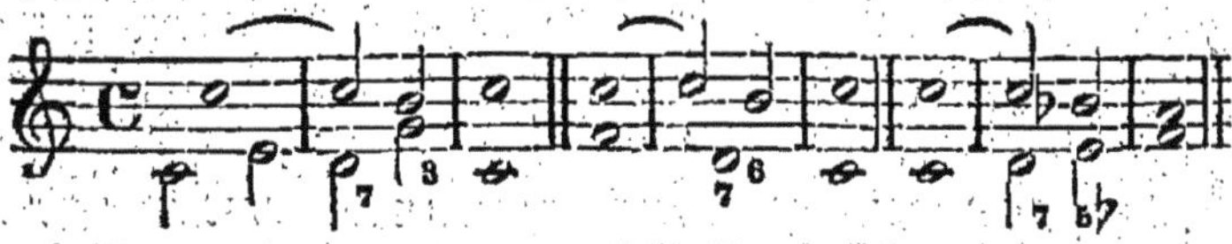

Toutes les dissonnances, et notamment celle de la seconde, exigent, soit pour la préparation, soit pour la résolution, des règles particulières dans le détail desquelles le cadre de notre ouvrage ne nous permet pas d'entrer.

37

MODULATIONS.

—

339. On appelle *modulation* le passage d'une tonalité à une autre dans le cours d'un même morceau.

340. On module en faisant entendre les notes attractives du nouveau ton, c'est-à-dire la *sensible* qui appelle la tonique, et la *quarte* qui appelle la tierce. On sait que ces deux notes *appelées* sont les deux notes principales de l'accord parfait dont elles déterminent complétement la modalité : aussi l'accord de 7e sur dominante du ton où l'on va rentrer, qui renferme précisément la sensible et la quarte, est-il presque exclusivement employé pour changer de ton. Ainsi, un morceau écrit dans le ton d'ut majeur et qui va moduler dans celui de fa majeur fera entendre comme accord *appelant* du nouveau ton la 7e sur dominante de ce ton, c'est-à-dire *do, mi, sol, si* ♭. (On remarquera que cet accord dissonnant ne diffère de l'accord d'ut majeur que par l'introduction de la 7e mineure si ♭.)

Ex. :

341. Une modulation est d'autant plus agréable qu'elle est mieux amenée, mieux préparée, et que le nouveau ton a plus d'affinité, de parenté avec l'ancien.

342. L'accord parfait majeur sur la dominante du ton dans lequel on va entrer appelle sensiblement ce ton. C'est ainsi que l'on parcourt sans aucun autre accord préparatoire, les douze tons majeurs, en formant ce que l'on appelle un tour de clavier ou cercle harmonique (n° 130).

Tour de clavier
avec emploi de la septième mineure sur dominante.

344. L'emploi de la 7ᵉ dominante a, comme on le voit, pour effet de rendre plus piquante la puissance attractive d'une tonalité pour la suivante.

Exemple de modulation à la dominante.

345.   *(Méhul.)*

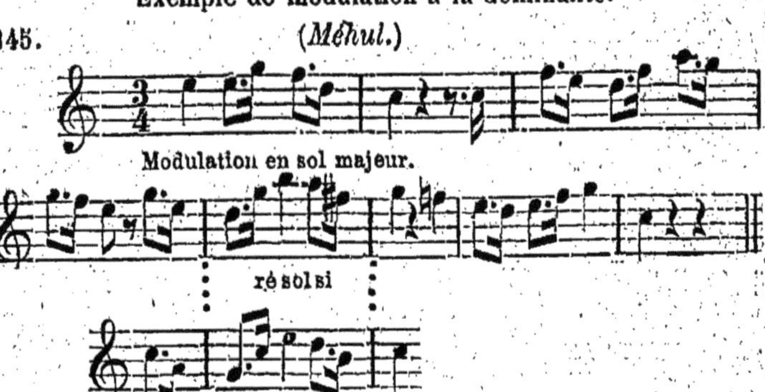

On remarque ici que la mélodie, en sortant du ton principal pour moduler dans le ton de sol, prend bien les allures mélodiques de ce nouveau ton. Nous voyons, en effet, les notes de l'accord parfait *ré, sol, si,* se produire, et enfin le *fa* ♯, note sensible de ce ton, venir confirmer la mélodie dans cette nouvelle tonalité.

Exemple de modulation à la médiante, en mi mineur.

Cette modulation d'un ton majeur dans un ton mineur avec un ♯ de plus a souvent été pratiquée par Rossini.

347. Quel que soit le ton dans lequel on ait modulé dans le cours d'un morceau, il faut toujours revenir au ton principal qui commence et finit le morceau.

38

NOTES DE PASSAGE.— ANALYSE D'UN MORCEAU.

348. On appelle *notes de passage* celles qui ne portant pas harmonie servent à lier entre elles les notes radicales, à donner de la grâce à la mélodie et de la variété à l'harmonie.

349. Les appoggiatures, les anticipations dont nous avons parlé aux n°ˢ 86 et 317 doivent également être considérées comme des notes de passage en ce qu'elles n'exigent pas non plus d'harmonie. Pour rendre plus lucide ce qui précède, nous allons dans les exemples ci-dessous indiquer par une † les notes de passage proprement dites et par un — les appoggiatures.

... la basse, replace cette mélodie de toutes ces no... mais il n'a été comme fondamentale que... il...

458. Si maintenant nous cherchons à analyser les accords formés par la mélodie simplifiée et l'accompagnement qui n'a pas changé, il nous sera facile [de] reconnaître la nature et de les désigner par leur ..., d'après ce que nous avons vu précédemment:

... accord parfait d'ut majeur à l'état fondamental;
... accord de l..., 1er renversement;
... accord parfait de ré mineur, état fondamental;
... [second], la note la basse simplement ... la

... accord de sol majeur, état fondamental ...
... ... suivie de celle de la 7e dominante;
... septième mineure;

... Engageons l'élève à poursuivre cette analyse et à [se rendre] familier de genre d'exercice; les résulta[ts] ... seconds. C'est en effet une des bonnes mé... ... pour apprendre l'harmonie. Aussi ... [conseillons] ... commençants dans le premier ...

de ce travail, nous transcrivons ici un morceau que nous analysons en faisant connaître la nature de chaque accord.

Première mesure. 1. Accord parfait d'ut majeur, état fondamental.

2. *Ré,* note de passage.

3. *Mi* forme avec l'accord supérieur celui d'ut majeur, 1er renversement.

4. *Fa,* note de passage.

Deuxième mesure. 1. *Do,* retard de cette note de la 1re mesure, formant avec *sol* et *ré* l'accord dissonnant de quarte et quinte.

2. *Si,* résolution de cet accord sur celui de sol majeur.

Les deux mesures suivantes présentant le même dessin mélodique donnent lieu à des remarques analogues. Ainsi,

Troisième mesure. 1. *Ré,* accord parfait de re mineur, état fondamental.

2. *Mi,* note de passage.

3. *Fa,* accord de ré mineur, 1er renversement.

4. *Sol,* note de passage.

Quatrième mesure. 1. *Ré*, retard de cette note de de la 3e mesure.

2. *Do*, résolution sur l'accord parfait de la mineur, état fondamental.

Cinquième mesure. 1. *Fa*, accord de fa majeur, état fondamental.

2. *Sol*, note de passage.

3. *La*, accord de fa majeur, 1er renversement.

4. *Si* ♭, note de passage, bémolisée à cause de la nature de l'accord et de la marche mélodique de la basse dans le ton de fa.

Sixième mesure. 1. Accord parfait d'ut majeur, état fondamental.

2. *Si* ♭, note de passage,

3. Accord de la majeur, état fondamental.

Septième mesure. 1. Accord de ré mineur, état fondamental.

2. Accord de sol majeur.

Huitième mesure. 1. Accord d'ut majeur, état fondamental.

2. *Sol*, appoggiature.

3. *Fa*, accord de ré mineur, 2e renversement.

Neuvième mesure. Accord d'ut majeur, 2e renversement.

Dixième mesure. Accord de sol majeur, état fondamental.

Onzième mesure. Duo. Accord d'ut majeur, état fondamental.

2. Accord d'ut majeur, 1er renversement, dit *accord de sixte mineure.*

Douzième mesure. 1. *Fa*, accord de fa majeur, état fondamental, tierce majeure.

2. *Ré*, accord de quinte juste, ré mineur, état fond.

Quant au mouvement des parties, remarquez le mouvement, oblique notamment dans les mesures 1,2,3,4,5,12; le mouvement contraire dans les mesures 6,7,8,11, ordinairement entre la partie aiguë et la basse.

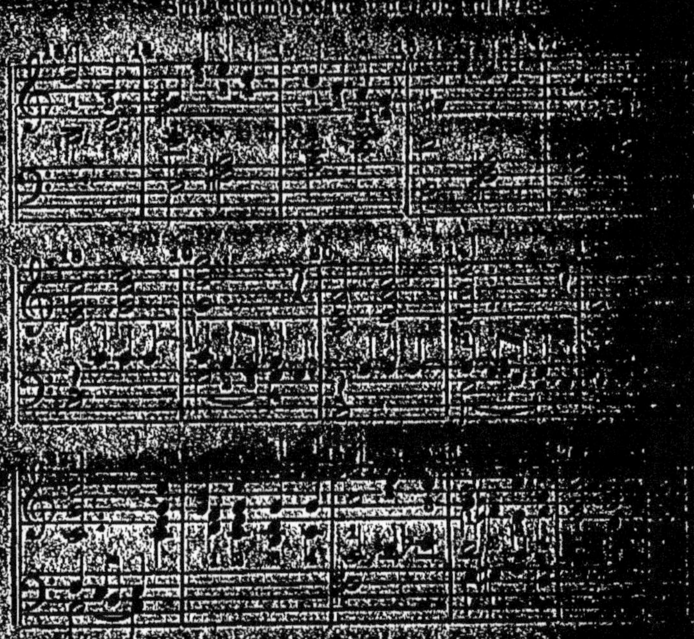

Treizième mesure. 7. Accord de *ol* majeur... ... versements...

9. Accord de *sol* majeur (1) renversement...

Quatorzième mesure. 7. Sol... accord de ... état fondamental.

... la appoggiature...

8. *Mi*, accord de *mi* majeur (1) renversement...

... *Ré*, accord de ... diminuée, ou celui de ... sur dominante au 1 renversement.

Quinzième mesure. 7. Accord de *ré* ... ... lution de l'accord précédent.

... *Si*, note de passage...

... de la dominante...

... *Si* ... accord de ... dominante ...

mi, sol de *ré* sep... qui trouve sa résolution ... cord suivant.

Seizième mesure. 1. Accord parfait de ré majeur, état fondamental.

2. *Mi,* appoggiature.

3. *Ré,* accord de ré majeur, 1er renversement.

4. *Do,* accord de 7e sur dominante, 2e renversement.

Dix-septième mesure. Analyse analogue à la mesure 14e.

Dix-huitième mesure. Accords d'ut majeur, état fond.

Dix-neuvième mesure. 1. Retard.

2. 3. Notes de passage.

4. Résolution du retard sur sol majeur. Remarques analogues pour les 20e, 21e, 22e et 23e mesures.

Vingt-quatrième mesure. 1. Septième sur dominante, 2e renversement.

2. Accord d'ut majeur, résolution de l'accord de 7e mineure précédent.

3. Septième mineure, 1er renversement, résolue sur 4, l'accord d'ut suivant.

Vingt-cinquième mesure. 1 et 3. Accord de la 7e diminuée (*fa ♯, la, do, mi*), qui a sa résolution sur le premier accord de la 26e mesure.

2. Note de passage.

Vingt-sixième mesure. 1. Accord de sol majeur, état fondamental.

2. Autre accord de 7e diminuée (*sol ♯, si, ré, fa*), résolu sur l'accord 3 de la mineur suivant.

4. Accord de ré mineur, 2e renversement.

Vingt-septième mesure. Accord d'ut majeur, 2e renversement.

2. Accord de sol majeur à l'état fondamental.

3. Note formant accord dissonnant de 7e mineure sur dominante (*sol, si, ré, fa*), que l'on fait succéder à l'accord majeur de dominante pour augmenter la puissance attractive de l'accord résolutif final, ut majeur.

39

16 TOURS DE CLAVIER DIFFÉRENTS

pour se familiariser avec tous les renversements de l'accord
parfait et ceux de la 7e mineure sur dominante.

353. Dans chacune des séries composant les
n°s 354, 355 et 356, nous remarquons trois accords :
le 1er, c'est l'accord parfait ; le 2e, celui de septième
mineure sur dominante ; le 3e, la résolution de cet accord dissonnant sur l'accord parfait placé à la quinte
au-dessus de celui qui commence la série. Chaque série
est ensuite reproduite dans tous les tons majeurs par
quintes ascendantes.

354
Pour servir à moduler
d'ut en sol.   de sol en ré.   de ré en la♮.   de la en mi♮.

de mi en si♮.   de si en fa♯.   de fa♯ en ut♯.

Transition

de ré♭ en la♭.   de la♭ en mi♭.   de mi♭ en si♭.   de si♭ en fa.   de fa en ut.

enharmonique.

355.
356.

357.
358.
359.

360.
361.
362

363.
364.
365.

Tours de clavier par quartes ascendantes.

368.

369.

370.

Accompagnement de la gamme majeure.

371.
372.
373.

Gamme chromatique.

374.

375.

40

ACOUSTIQUE MUSICALE.

MONOCORDE.

Origine de l'accord parfait. Lois sur les vibrations des cordes sonores. Accord de l'orgue et du piano, partition, tempérament, diapason.

376. On appelle monocorde (*du grec* monos, *un*, et kordè, *corde, son*), ou encore sonomètre (*qui mesure le son*), une corde de métal ou de boyau tendue horizontalement sur deux chevalets reposant sur une table d'harmonie pour renforcer le son : un troisième chevalet mobile placé entre les deux premiers permet d'opérer telle ou telle division de cette corde vibrante dont un des bouts est fixe, et l'autre tendu par un poids que l'on peut augmenter ou diminuer à volonté.

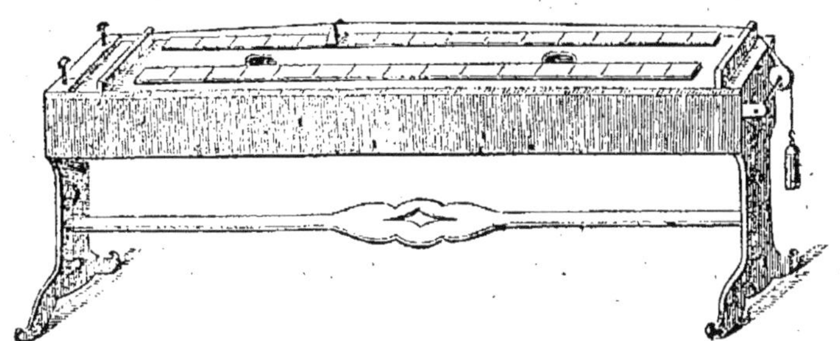

377. Si maintenant, soit au moyen d'un archet, soit par un simple pincement, on ébranle la corde entière, ou même l'une de ses divisions déterminées par le chevalet mobile, une oreille exercée distingue assez facile-

ment, surtout si la corde est d'une longueur et d'un diamètre convenables, outre la note fondamentale, deux autres sons faibles, savoir : la douzième ou quinte redoublée, c'est-à-dire de la 2ᵉ octave, et la dix-septième ou tierce à la 3ᵉ octave du son fondamental. Si l'on suppose donc que la note génératrice soit

les deux autres sons entendus faiblement seront sol et mi aux octaves indiquées ci-dessous.

378. Ce qui, en rapprochant les intervalles, donne l'accord parfait majeur

379. Parmi les deux notes harmoniques entendues au-dessus de la note fondamentale, le sol domine, d'où son nom *dominante*.

380. La similitude du doigté pour obtenir les notes de l'accord parfait sur beaucoup d'instruments à vent explique bien l'intime filiation qui existe entre la note génératrice et ses harmoniques.

381. Ce phénomène de production de l'accord par-

fait majeur, réuni dans un son principal, est indépendant à la fois 1° de la densité de la corde, 2° de son diamètre, 3° de sa tension, et 4° de sa longueur; quatre éléments qui modifient le nombre de vibrations transversales que peut exécuter une corde tendue, dans un temps donné.

382. On verra que c'est du nombre de vibrations exécutées dans un temps déterminé que dépend l'acuité, c'est-à-dire l'élévation plus ou moins grande d'un son.

383. On appelle vibrations transversales d'une corde le mouvement de va-et-vient qu'elle exécute perpendiculairement à sa longueur.

384. Les quatre lois remarquables que le célèbre Lagrange a le premier déterminées en 1759 sur les vibrations transversales des cordes sont les suivantes :

1° *Les nombres de vibrations d'une corde, toutes choses égales d'ailleurs, sont en raison inverse de sa longueur.*

C'est-à-dire qu'une corde 2,3,4, etc., fois plus longue donnera dans le même temps 2,3,4... fois moins de vibrations, et par conséquent un son 2,3,4... fois plus grave. Cette loi est applicable aux diverses longueurs des tuyaux d'orgue.

2° *Les nombres de vibrations d'une corde sont proportionnels aux racines carrées des poids qui la tendent.*

C'est-à-dire qu'une corde tendue par un poids 4,9,16... fois plus grand exécutera dans le même temps un nombre de vibrations qui sera alors 2,3,4... fois plus grand, et réciproquement.

3° *Les nombres de vibrations des cordes sont en raison inverse de leurs diamètres.*

C'est-à-dire qu'avec un diamètre 2,3,4... fois plus grand, la corde exécutera dans le même temps un nombre de vibrations qui sera 2,3,4... fois plus petit.

4° *Les nombres de vibrations de deux cordes de matières différentes sont en raison inverse des racines carrées de leurs densités.*

Soit 1 la densité de la première corde, 4 celle de la seconde. La première exécutera dans un même temps 2 fois plus de vibrations que la dernière, parce que les racines carrées de 1 et de 4 sont entre elles comme 1 est à 2.

385. *Remarque.* C'est par la connaissance de ces lois que dans les instruments à cordes la facture a appris à augmenter ou à diminuer progressivement le diamètre de ces cordes, en combinant toutefois avec leurs longueurs cette progression croissante ou décroissante du diamètre. Qu'on suppose, en effet, une corde des basses d'un piano, qu'on serait obligé de tendre jusqu'à ce qu'elle donnât une des notes aiguës, même intermédiaire. On ne le pourrait, car elle casserait bientôt ; et résistât-elle, quel serait le son rendu par ce *gros bout* de corde qui manquerait, en effet, de l'élasticité nécessaire ?

386. Les quatre lois ci-dessus bien comprises, occupons-nous de déterminer maintenant les diverses longueurs qu'il faudra prendre de la corde du sonomètre pour former successivement toutes les notes de la gamme. Pour cela représentons la longueur totale de la corde par 1, et appelons *ut* ou *do* le son qu'elle rend ; alors, au moyen du chevalet mobile, raccourcissons progressivement la corde jusqu'à ce qu'elle rende la note *ré*, puis *mi, fa, sol, la, si, ut.*

On trouve alors que l'on obtient la note

RÉ	en divisant la corde en	9	parties et en faisant vibrer	8.
MI	——————	5	——————	4.
FA	——————	4	——————	3.
SOL	——————	3	——————	2.
LA	——————	5	——————	3.
SI	——————	15	——————	8.
UT	——————	2	——————	1.

C'est-à-dire que pour chacune des notes de la gamme on a pour longueur de corde, savoir :

387. Notes..... ut, ré, mi, fa, sol, la, si, ut.

Longueur des cordes. $1,\ \frac{8}{9},\ \frac{4}{5},\ \frac{3}{4},\ \frac{2}{3},\ \frac{3}{5},\ \frac{8}{15},\ \frac{1}{2}.$

En fractions décimales. 1.000 0.389 0.800 0.750 0.647 0.600 0.533 0.500

382. Mais pour nous rendre facilement compte de ces longueurs, supposons une corde divisée en 180 parties, et appelons *ut* la note rendue par la corde vibrant dans toute sa longueur.

RÉ sera donné par les $\frac{8}{9}$ de 180 qui 160 parties.

mi . . . . $\frac{4}{5}$ . . . . 144 —

fa . . . . $\frac{3}{4}$ . . . . 135 —

sol . . . . $\frac{2}{3}$ . . . . 120 —

la . . . . $\frac{3}{4}$ . . . . 108 —

si . . . . $\frac{8}{15}$ . . . . 96 —

ut . . . . $\frac{1}{2}$ . . . . 90 —

389. Soit maintenant à chercher le nombre de parties qu'il faut successivement ajouter aux précédentes pour avoir les notes suivantes, c'est-à-dire les différences entre les nombres 180 et 160, entre 160 et 144, etc., nous trouvons que ces différences sont :

de 20 entre ut et ré.
de 16 entre ré et mi.
de 9 entre mi et fa.
de 15 entre fa et sol.
de 12 entre sol et la.
de 12 entre la et si.
et de 6 entre si et do.

Ce qui signifie enfin que, pour avoir la note *ré*, il faut avancer de 20 parties; pour avoir *mi*, il ne faut plus avancer que de 16, etc., etc. On voit que ces différences diminuent à mesure que l'on monte vers l'aigu ; ce qui nous explique pourquoi sur les instruments à cordes on est obligé de rapprocher d'autant plus les doigts que la corde devient plus courte. Les sillets, de plus en plus rapprochés de la guitare, nous en fournissent un autre exemple.

390. Si nous cherchons maintenant à établir le rapport de chaque note de la gamme avec le son fondamental, nous nous rappellerons que, puisque les nombres de vibrations d'une corde sont en raison inverse de sa longueur, ces rapports seront donnés par les fractions, 1, $\frac{8}{9}$, $\frac{4}{5}$, etc. renversées :

Ut,	ré,	mi,	fa,	sol,	la,	si,	ut.
1	$\frac{9}{8}$	$\frac{5}{4}$	$\frac{4}{3}$	$\frac{3}{2}$	$\frac{5}{3}$	$\frac{15}{8}$	2

En fractions décimales.

1.000	1.125	1.250	1.333	1.500	1.667	1.875	2

391. Ce qui signifie que le *ré* fait 9 vibrations pendant que la note *ut* en fait 8 ; que le *mi* en fait 5 pendant que l'*ut* en fait 4, et ainsi de suite. Maintenant que nous avons le rapport de chaque note avec le son fondamental, proposons-nous de trouver le rapport d'une note avec la suivante, afin d'établir la valeur réelle des intervalles qui séparent les notes de la gamme. Pour cela, divisons chacune des fractions ci-dessus par celle qui la précède, c'est-à-dire $\frac{9}{8}$ par 1, $\frac{5}{4}$ par $\frac{9}{8}$, etc., et nous aurons :

De do à ré.	$\frac{9}{8}$	ou 1.125	ton majeur.
de ré à mi.	$\frac{10}{9}$	ou 1.111	ton mineur.
de mi à fa.	$\frac{16}{15}$	ou 1.067	demi-ton majeur.
de fa à sol.	$\frac{9}{8}$	ou 1.125	ton majeur.
de sol à la.	$\frac{10}{9}$	ou 1.111	ton mineur.
de la à si.	$\frac{9}{8}$	ou 1.125	ton majeur.
de si à do.	$\frac{16}{15}$	ou 1.067	demi-ton majeur.

D'où il suit qu'on trouve dans la gamme diatonique 3 tons majeurs, 2 tons mineurs et 2 demi-tons majeurs.

392. Avec les fractions exprimant le rapport de chaque note de la gamme avec le son fondamental, il nous est facile de déterminer le nombre absolu de vibrations rendu par chacune de ces notes, connaissant ce nombre pour le son fondamental *ut*. M. Cagniard de La Tour, au moyen d'un instrument qu'il a inventé, la *sirène*, a trouvé que le nombre de vibrations rendu par l'ut grave du violoncelle dans la seconde de temps est de 128 vibrations. Or, en multipliant ce nombre par $\frac{9}{8}$, $\frac{5}{4}$, etc., on obtient :

On a donc pour la première note de chaque octave les nombres suivants de vibrations :

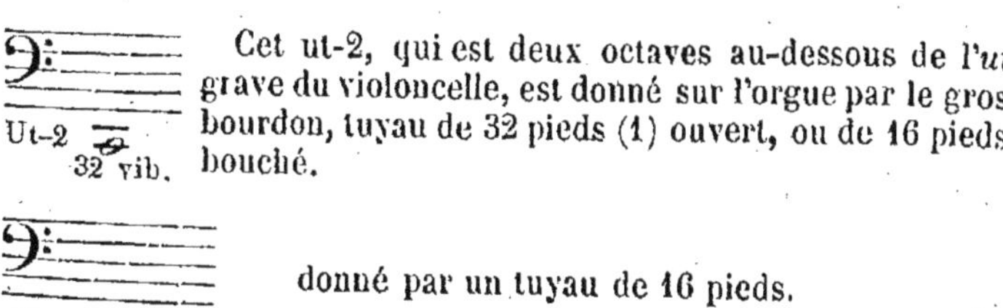

Cet ut-2, qui est deux octaves au-dessous de l'*ut* grave du violoncelle, est donné sur l'orgue par le gros bourdon, tuyau de 32 pieds (1) ouvert, ou de 16 pieds bouché.

donné par un tuyau de 16 pieds.

donné par un tuyau de 8 pieds.
Ut grave du violoncelle.

donné par un tuyau de 4 pieds.
Ut grave de l'alto-violon.

---

(1) La facture a conservé l'usage de désigner ces longueurs en pieds. On sait que le pied ancien valait environ 324 millimètres.

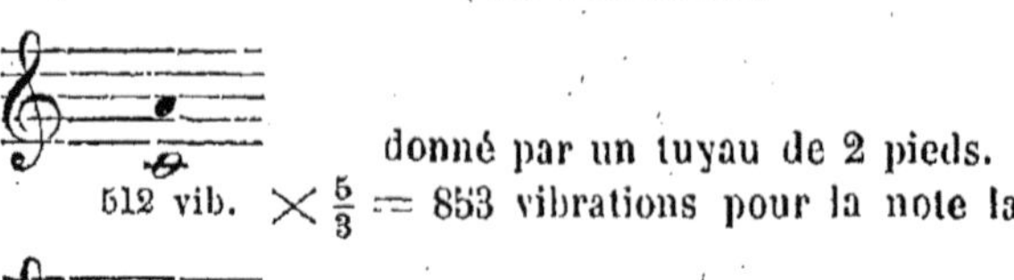

donné par un tuyau de 2 pieds.

512 vib. $\times \frac{5}{3} = 853$ vibrations pour la note la.

donné par un tuyau de 1 pied.

393. *Diézer une note* c'est multiplier le nombre de ses vibrations par le rapport $\frac{25}{24}$; la *bémoliser* c'est au contraire diviser ce nombre par le rapport $\frac{24}{25}$.

394. L'intervalle d'une note naturelle à la même note diézée est un demi-ton *mineur*, et son complément pour former le ton est un demi-ton *maxime*. Ainsi l'intervalle *ut* — *ut* ♯ est plus petit que l'intervalle *ut* ♯ — *ré*. Celui d'une note naturelle à la même note bémolisée est aussi plus petit que son demi-ton maxime complémentaire.

395. De manière que si nous divisons le ton en 9 parties ou commas, on concevra alors

L'intervalle ut -ut ♯ composé de 4 commas.
—   ut♯-ré   composé de 5   —
—   ré -ré♭ composé de 4   —
—   ré♭-ut   composé de 5   —

396. Voilà la théorie: mais dans la pratique le contraire a lieu sur les instruments à cordes où, comme sur le violon, par exemple, il est possible au musicien de satisfaire son oreille en rapprochant davantage la *sensible* de la *tonique* : ce qui augmente la puissance attractive de ces deux notes.

On aura donc   ut -ut ♯ composé de 5 commas ⎱ 9.
           ut ♯-ré   —   4 commas ⎰
           ré -ré♭   —   5 commas ⎱ 9.
           ré♭-ré   —   4 commas ⎰

397. Puisqu'en multipliant une note par $\frac{25}{24}$ ou par $\frac{24}{25}$ on n'atteint pas la moitié exacte de l'intervalle qui la sépare de la note supérieure ou de la note inférieure, il s'ensuit qu'*ut*, par exemple, élevé par le double dièze, c'est-à-dire multiplié par le carré de $\frac{25}{24}$ n'égalera pas la note *ré*; de même *ré* multiplié par $\left(\frac{24}{25}\right)^2$ n'égalera pas *ut*, *ré* ♭♭ sera plus grave.

Accord de l'orgue et du piano.

398. On peut conclure de tout ce qui précède, que chacune des 7 notes de la gamme est de cinq sortes : naturelle, altérée par un dièze, par 2 ♯, altérée par un ♭, par 2 ♭, ce qui donne 35 sons différents. Mais on conçoit tout de suite l'impossibité matérielle de tenir compte de ces divers états d'une même note, dans l'accord du piano et de l'orgue (à moins d'avoir un clavier où chacune des 7 notes naturelles de la gamme fût accompagnée de 4 autres touches représentant ses diverses altérations : ce que la pratique ne peut admettre).

399. De là, le tempérament moyen qui consiste à ramener, par une altération convenable, les 35 sons de la gamme théorique à douze demi-tons égaux. Cette altération a lieu en accordant *forte* la tierce majeure *do-mi*, *faible* la tierce mineure do-mi ♭, et *faible* encore la quinte *do-sol*. D'autres intervalles, dont l'altération est encore nécessaire, se trouveront naturellement tempérés par le renversement.

Tierce forte.	Tierce faible.	Quinte faible.	Sixte faible.	Sixte forte.	Quarte forte.

400. Un intervalle *fort* est celui dans lequel les deux notes qui le constituent sont un peu plus éloignées l'une de l'autre qu'elles ne le seraient si cet intervalle était ri-

goureusement juste; par conséquent on rendra fort l'intervalle *do-mi,* en montant un peu le *mi* ou en descendant un peu l'*ut*.

Comme on le voit maintenant, si tous les intervalles étaient rigoureusement justes, l'accord d'un piano ou d'un orgue serait quelque chose d'assez facile; mais l'exécution du tempérament demande de la part de l'oreille une certaine éducation musicale, sinon une organisation particulière, pour apprécier les moindres altérations de l'accord parfait. Quoi qu'il en soit, nous croyons que ce travail de la *partition,* c'est-à-dire cette altération par le tempérament moyen pratiquée sur l'étendue d'une onzième environ prise vers le milieu du clavier, sera moins difficile pour ceux qui savent bien accorder un violon, car l'oreille, habituée à entendre une quinte juste, percevra facilement cette quinte forte ou faible.

401. La partition a lieu par quintes descendantes toutes faibles, les octaves toujours justes.

Les ♩ sont à accorder.

Remarque. Pour se rendre compte de la nécessité d'accorder *fortes* les tierces majeures, qu'on accorde justes trois tierces majeures consécutives ; composées chacune de deux tons, elles devront donner en total 6 tons ou 12 demi-tons, c'est-à-dire enfin l'octave qui doit toujours être rigoureusement juste.

On trouvera alors que *do*, qui fait tierce majeure avec *la* ♭, sera trop bas et ne sera pas par conséquent l'octave exacte du premier DO. De là, la nécessité de monter un peu le *mi*, le *sol* ♯ ou le *la* ♭.

103. Ainsi donc, une partition bien faite est celle dans laquelle le tempérament moyen a été bien distribué sur les intervalles qui doivent supporter cette altération. Si la distribution est mauvaise, on conçoit alors des tons, des accords vraiment parfaits, mais au détriment de certains autres disgraciés et insupportables ; tous doivent être également justes ou mieux *également faux*, mais tolérables.

Nota. On trouve dans le commerce un instrument dit *chromamètre*, inventé par Roller en 1827, pour faciliter l'accord du piano ou de l'orgue.

Il existe encore un autre instrument, dit *accordeur*, composé de douze diapasons donnant par tempérament égal les douze demi-tons de la gamme.

404. Mais, pour servir de développement à tout ce qui précède, proposons-nous de construire un *accordeur*, en établissant sur une même corde les divisions voulues pour former une gamme moyenne composée de 12 demi-tons égaux, telle qu'on la pratique dans la partition du piano et de l'orgue.

Pour cela, il s'agit de trouver l'expression numérique du demi-ton, en faisant remarquer que cette expression

élevée à la 12ᵉ puissance, c'est-à-dire multipliée 12 fois par
elle-même, doit donner pour produit final l'octave ou
2, c'est-à-dire un nombre double de vibrations. Il suffira
donc pour avoir le demi-ton d'extraire la racine 12ᵉ de 2.
Opérant au moyen des tables de logarithmes, on trouvera
que ce douzième d'octave est de 1.05946. Ainsi, la note
ut faisant une vibration, ut ♯ ou ré ♭, deux notes qui doivent désormais se confondre, en feront 1 et $\frac{5946}{100000}$ de
vibration. Ré naturel et moyen sera donné par le carré
de 1.05946 ; ré ♯, ou mi ♭ par son cube, et ainsi de suite
en élevant toujours cette expression numérique à une
puissance égale au nombre de demi-tons renfermés dans
l'intervalle composé que l'on veut obtenir, ou en la multipliant par l'intervalle précédent, s'il est connu. On obtiendra ainsi pour les douze demi-tons :

	Nombre des vibrations.	Longueurs des cordes.
ut	1.00000	1.00000
ut ♯ ou ré ♭	1.05946 (1)	0.94387
ré	1.12246	0.89090
ré ♯ ou mi ♭	1.18921	0.84090
mi	1.25992	0.79370
fa	1.33484	0.74915
fa ♯ ou sol ♭	1.41421	0.70711
sol	1.49831	0.66742
sol ♯ ou la ♭	1.58740	0.62996
la	1.68179	0.59460
la ♯ ou si ♭	1.78180	0.56123
si	1.88775	0.52973
Octave. ut	2.00000	0.50000

405. On n'a pas oublié que la longueur des cordes est
obtenue par le renversement de la fraction qui exprime les

---

(1) Nous avons cru devoir nous arrêter au 5ᵉ chiffre, mais
nous l'avons forcé d'une unité chaque fois que le 6ᵉ était égal ou
supérieur à 6. Au surplus, les millièmes suffiraient dans la pratique.

vibrations. Ainsi, la fraction 0.94387, qui exprime la longueur qu'il faut prendre de la corde pour obtenir do $\sharp$ ou ré $\flat$ provient de la fraction $\frac{105946}{100000}$ renversée $\frac{100000}{105946}$ et réduite en décimale par la division du numérateur par le dénominateur. Par conséquent, si l'on avait une corde d'un mètre donnant la note ut, il ne faudrait plus pour ut $\sharp$ ou ré $\flat$ que 943 millimètres; pour ré, 890, etc.

406. Comme conclusion pratique, cherchons les longueurs absolues à prendre sur les cordes d'un violon pour obtenir les tons et les demi-tons à la première position. Pour cela, déterminons d'abord la longueur totale de la corde depuis le chevalet jusqu'au sillet : nous trouvons que sur un violon ordinaire cette longueur est de 333 millimètres. Nous aurons alors, pour obtenir le 1er demi-ton, à prendre, selon ce que nous venons de voir dans la 2e colonne de chiffres ci-dessus, les 943 millièmes (944 en forçant le 3e chiffre) de 333. Soit $333 \times 944 = 314$ millimètres pour longueur de la partie vibrante de la corde. 314 ôté de $333 = 19$ millimètres pour la longueur muette de cette corde. Pour obtenir le demi-ton suivant, il faudrait de même prendre les 890 millièmes de 333, et ainsi de suite. Nous obtiendrons ainsi par la corde du bourdon et pour toutes les autres cordes les longueurs suivantes :

sol 333 millimètres (longueurs respectives des 4 cordes).

sol $\sharp$	333	0.944	314 mil.	(p vib.)	qui ôtés de	$333 = 19$ mil.	(p. muette.)	
la	333	0.890	296 mil.	id.	—	$333 = 37$		id.
la $\sharp$	333	0.840	280 mil.	id.	—	$333 = 53$		id.
si	333	0.793	264 mil.	id.	—	$333 = 67$		id.
ut	333	0.749	249 mil.	id.	—	$333 = 84$		id.
ut $\sharp$	333	0.707	235 mil.	id.	—	$333 = 98$		id.
ré	333	0.667	222 mil.	id.	—	$333 = 111$		id.

Du Diapason.

407. Le petit instrument que l'on appelle *diapason* a été, dit-on, inventé par John Shore en 1711. Il se compose

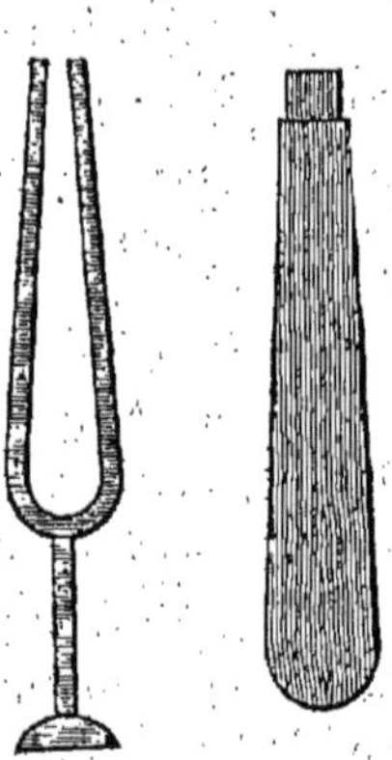

de deux branches libres d'acier que l'on écarte brusquement au moyen du cylindre de métal qui termine le bout de l'étui du petit instrument ; les deux branches abandonnées à elles-mêmes après le passage brusque du cylindre, dont le diamètre est plus grand que la distance des extrémités du diapason, rendent un son constant et unique que l'on renforce en appliquant le pied de l'instrument sur un meuble, une table, par exemple. Le son rendu par le diapason est le *la*, en France. On conçoit qu'une note de la gamme une fois donnée, il est facile d'en déduire telle autre que l'on voudra.

408. Depuis sa création, le diapason a constamment varié, en suivant une marche progressive ascendante : les orgues anciennes nous ont transmis le diapason de l'époque de leur construction, lequel est d'un ton environ plus bas que le diapason actuel. Une des raisons qui ont amené les facteurs à monter constamment le ton de leurs intruments a été de donner à leurs produits plus d'éclat et de sonorité. Ajoutons que cette élévation du diapason constitue, pour les facteurs d'orgue surtout, un bénéfice appréciable : on sait que le tuyau est d'autant plus court que le son est plus aigu.

409. Il résulte de l'enquête ordonnée par le gouvernement français, le 17 juillet 1858, que le diapason de l'Opéra, qui donnait 808 vibrations par seconde en 1699, 840 en 1810, 871 en 1830, était arrivé en 1858 à 896. Au surplus trois ou quatre diapasons étaient en usage : On conçoit tout de suite les graves inconvénients d'un pareil état de choses.

410. Enfin M. le ministre d'Etat ayant adopté les conclusions du rapport présenté par la Commission chargée de la détermination d'un diapason uniforme pour toute la France, a, par arrêté du 16 février 1859, ordonné la construction d'un diapason uniforme pour tous les établissements de musique en France.

Le diapason normal ainsi institué est fixé à 870 vibrations par seconde.

On ne peut comparer le bienfait de cette institution dans le monde musical qu'au bienfait de plus en plus inappréciable de l'établissement du système métrique.

FIN DE LA PREMIÈRE PARTIE.

TABLE DES MATIÈRES

CONTENUES DANS LE POLYCORDE.

14

15

DIVISION TERNAIRE.

16

17

18.

19.

20.

21.

INSTRUMENTS TRANSPOSITEURS.

25.

26.

ABRÉGÉ DES PRINCIPES DU CHANT GRÉGORIEN OU PLAIN-CHANT.

27.

28.

29.

30.

31.

32.

33.

CHANTS DIVERS.

34

PRINCIPES ÉLÉMENTAIRES D'HARMONIE.

35

36

37

38

39

40

ACOUSTIQUE MUSICALE.